中近世日本語の終助詞

河　周姈［著］

専修大学出版局

まえがき

本書は、日本語の文末表現に関して、述語に下接する終助詞を研究対象に選び、室町時代末期から江戸時代初期における口語的性格の強い資料をもとに、その用法の変化について歴史的観点から考察を加えたものである。

序論では、古典語の終助詞に関する先行研究を概観してそれぞれの問題点を指摘し、併せて研究対象となる終助詞の類別を試みた。

本論第一章「意味変遷が見られる終助詞」は、「かし」と「がな」、さらに疑問詞と共起する「ぞ」を取り上げ、それらの終助詞にどのような用法上の変遷が見られるかについて考察を加えたものである。

第二章「他の品詞から転成した終助詞」は、「やらん」とその短縮形「やら」、および「かしらぬ」を取り上げ、それぞれが終助詞に転成する過渡期の様相に考察を加えたものである。前者については、両者が独自の用法を示しながら次第に終助詞としての性格を強めていったことを検証し、後者については、「かしらぬ」がいまだ動詞性を帯びていたことを指摘し、それが終助詞としての用法を帯びるようになるのは江戸中期ごろと見るべきであることを論じた。

第三章「終助詞の周辺語」では、推定の意を表す助動詞であった「げな」を取り上げた。室町時代の文献では文末における使用例が多数を占めることから、これが終助詞としての性質を帯びつつある傾向が窺えるものの、他の活用形を用いた例のあることから、必ずしもいまだ終助詞化したことは認められないことと、本来推定を表す機能を有していたのが、江戸初期に及んで伝聞を表す機能も見られるようになったことを明らかにした。さらに、ここでは、「げな」の衰退の原因の「さうな」も考察した。

本書の執筆にあたっては、林義雄先生からご指導いただいた。また、刊行に際しては専修大学より平成二十一年度専修大学課程博士論文刊行助成を受けた。ここに、林義雄先生および大学当局に心から感謝の意を表す次第である。最後に、私事で恐縮であるが、ここまで励ましながら見守ってくれた祖母、故林承姫および両親、河正浩・李英順に捧げる。

二〇〇九年十一月

河　周姈

凡例

本書の用例はそれぞれ次の基準に従う。

一　『天草版伊曾保物語』（一五九三）（以下、「伊曾保」と略称する）の用例は、『エソポのハブラス本文と総索引』（清文堂出版）に基づいた。用例の所在を示す数字は『エソポのハブラス本文と総索引』のものである。

二　『天草版平家物語』（一五九三）（以下、「平家」と略称する）の用例は、『天草版平家物語対照本文及び総索引』（明治書院）に基づいた。用例の所在を示す数字は『天草版平家物語対照本文及び総索引』のものである。

三　三本の『捷解新語』（以下、初版は「原刊本」（一六七六）と、「第一次改修本」は「改修本」（一七四八）と、「重刊改修本」は「重刊本」（一七八一）と略称する）の用例は、『三本対照捷解新語　釈文・索引・解題編』（京都大学文学部国語学国文学研究室編）に基づいた。また、清濁及び表記に関しては『四本和文対照捷解新語』（専修大学出版局）のものを参考にした。用例の所在を示す数字は『三本対照捷解新語　釈文・索引・解題編』のものである。

四　『天正狂言本』（一五七八）の用例は、日本古典全集『狂言集　下』（朝日新聞社）に基づいた。用例の所在を示す数字は『狂言集　下』のものである。

五　『醒睡笑』（一六二三）の用例は『噺本大系２』（東京堂出版）に基づいた。用例の所在を示す数字は『醒睡笑本文編』（笠間書院）のものである。

六　『きのふはけふの物語』（一六二四）の用例は『日本古典文学大系　江戸笑話集』（岩波書店）に基づいた。用例の所在を示す数字は『日本古典文学大系　江戸笑話集』のものである。

七　『大蔵虎明本狂言』（一六四二）（以下、「虎明本」と略称する）の用例は『大蔵虎明本狂言集の研究　上・中・下』（表現社）に基づいた。ただし、会話文はかぎ括弧で、ト書きの部分には「《」の符号を記す。また、節付けの部分は「〽」の符号を記す。反復記号は「ゝ」「〱」を記す。
用例の所在を示す数字は『大蔵虎明本狂言集の研究　上・中・下』のものである。

八　『大蔵虎寛本狂言』（一七九二）（以下、「虎寛本」と略称する）の用例は、『大蔵虎寛本能狂言』（岩波書店）に基づいた。
用例の所在を示す数字は『大蔵虎寛本能狂言　上・中・下』のものである。

九　『近松浄瑠璃集』（一七〇三－一七二一）（以下、「近松」と略称する）の用例は『日本古典文学大系　近松浄瑠璃集　上』（岩波書院）のもので、口語性の強い世話物を対象とする。
用例の所在を示す数字は『日本古典文学大系　近松浄瑠璃集　上』のものである。

一〇　用例の句読点、清濁および表記に関しては読みやすさを考えて筆者の判断で施した。

目次

I. 序論

第一章　従来の終助詞に関する研究

終助詞に関しては、間投助詞との区別と、用法の変遷について様々な議論がある。終助詞と間投助詞を区別し、その名称を初めて与えたのは、山田孝雄である。山田孝雄は終助詞と間投助詞の相違について次のように定義している。[1]

終助詞は述語に関係するものにして常に文句の終止にのみ用ゐらるゝものなり。これが各自も又其の内容も著者の造定にかゝる。これらは文句の述素に関する点は係助詞に等しきものながら文句の終末にのみ用ゐらるゝを特徴とす。而してその助詞は上に来るべき語に一定の約束を有し、又多くは陳述の性質に関するものにして命令、希望、感動等をあらはしつゝ終止するものなりとす。

間投助詞は語勢を添え、若くは感動を高めむが為に用ゐらるゝものにして、その位置他の助詞に比して稍自由なものなり。これはその使用の範囲他の助詞に比して稍自由なるより名づけたるものなれど全く無系統に使用せらるゝものにあらず。随って自ら一定の規律を存し、但助詞の本性として独立に用ゐらるゝことなく他の品詞の上に所属することなきは勿論なりとす。

すなわち、終助詞は、文句の終末にのみ用いられて述素に関するものであり、間投助詞は用いられる位置が自由なものである点に両者の相違があると考えている。

また、橋本進吉は次のように指摘している。[2]

(中略)何れもそこで言ひ切るものであるが、これに二種ある。(1)は言ひ切りの文節の終にあるもので、そこで文の意味が終止するものである。「ぜ」「ぞ」「とも」「て」(以上何れも確かめる意味)、「な」(禁止)「な」(「なさい」の義)、「わ」(「さうですわ」の「わ」)、「か」(問ひ)、「や」(「行かうや」の類)、「よ」「い」(「さうだい」「さうかい」の「い」)などであつて、もし更に分かつならば、用言又は之に準ずるものにのみ附くもの(「ぜ」から「わ」まで)、及び種々の語に附くもの(「か」以下)とに分つことが出来る。この種のものは山田氏が終助詞と名づけたものに相当する。

(2) は文節の終に来るものである。「ね」「な」「さ」の類であつて、続く文節にも言ひ切りの文節にも附く。「それがね…」「きれいだね。」「さうしてさ、…」「帰つたのさ。」続く文節に附いた場合には、その文節の意味はやはり続くのであるが、この種の辞の意味はそこで切れ、のみならず、その後に音の断止がある。この場合にはいつも音の断止がある故、形から見れば、そこまで文が終つたやうであり、従つて、この助詞は文の終に用ゐられると考へなければならないやうであるが、しかし、之に伴ふ音調(イントネーション)は、文の中にある文節の終で切れた場合と同一で、文の終止の場合とは違つてゐる故に、いつもその後に音の断止があつても、必しも常にそこで文が終止するものと見なくともよいのである。

この種の語は山田氏は之を間投助詞の中に収めた。文節の終ならばどの文節にも附き得る点で間投の名は適当であるから、間投助詞と名づけてよからうとおもふ。(但し山田氏の間投助詞はその定義から見ても、之と同じくなく、範囲もこれよりも寛い)。

以上のように間投助詞の範囲の認定は山田孝雄よりは広くないが、終助詞と間投助詞を区別して定義している。

松村明は『日本文法大辞典[3]』の終助詞の項目に次のように指摘している。

文の終わりにあって、文を完結させ、同時に感動・禁止・疑問・反語・願望・強意などの意味を表わす助詞。（中略）終助詞と同様に陳述に関係しつつ文末に使われる助詞として係助詞がある。終助詞の中には係助詞から転成したものもあり、この二つの助詞には何らかの共通性が考えられる。しかし、終助詞は文末にだけ使われるのに対して、係助詞は、文末に使われることもあるが、文中に使われる機能も同時に有することに、この二つの助詞の差が認められる。終助詞と似た機能をもつのに間投助詞がある。（中略）この二つの助詞の差も、終助詞はその使われる場所が文末と限定されるのに対して、間投助詞はその場所をかなり自由に変えられるというところに考えられるのである。

以上のように松村明は終助詞と係助詞および、終助詞と間投助詞との差を指摘している。また、先行研究者らは終助詞を歴史的変遷の概観から古語と現代語とに分類している。

松村明は『日本文法大辞典』(4)に次のように古語の終助詞と現代語の終助詞を分類して述べている。

（中略）これに分類される助詞としては、古語では「な・そ・ばや・なむ（なん・なも）・もがな（もが・もがも）・かな（かも）・かし・か・な（も）・よ」、現代語では「な（禁止）・な（感動）・かとも・よ・ね・さ・ぜ・ぞ」などの各用が挙げられる。

松村明は右の終助詞の歴史的変遷を『古典語現代語　助詞助動詞詳説』(5)に述べている。これをまとめると次のようである。

禁止の意を表す「な…そ・な」は奈良時代には「な…そ」「な…そね」「な…」「…な」の形式で使われる。これが平安時代には「な…そ」「…な」という形式で使われるが、「な…そ」がよく使われた。室町時代に入ると、「…な」が「な…そ」より主に用いられるようになる。院政ごろから、「…そ」という形式があったが、江戸時代に入ると使われなくなる。

希望・願望の意として使われる「な」は上代に用いられた助詞で、平安時代以降の文献には例が見えない。意味的に近似した用法をもつ推量の助動詞「む」などに圧倒されて消滅したと考えられる。また、「なむ（ん）」は奈良時代に「なも」がわずかに存在していて、これが「なむ（なん）」の古形と思われる。「なも」は奈良時代において例が少なく、この時代にはすでに使われなくなったと考えられる。平安時代には、この「なも」に代わって「なむ」が盛んに用いられたが、平安時代末期頃から文語化し、和歌だけに用いられるようになった。「しか」は「てしかも」とか「にしかな」とかの形式で多く見られる。「て」「に」が完了の助動詞の連体形、「も」「な」が終助詞であることは明瞭であり、「しか」のみを用いた例もあるから、ここでは「しか」をもって代表させることにする。これは上代から平安中期にかけて多く用いられたが、平安後期には衰え、鎌倉時代には「てじか」という濁音形もあったようだと述べている。

存在・状態を願望し期待する意を表す「もが（もがも）（もがな）」の「が」は疑問または感動の係助詞で、初めは清音であったものが、後に熟合して濁音化したものと考えられている。常に「も」とともに用いられるので、「もが」を助詞と扱ってもよいであろう。これに詠嘆の終助詞「も」が接して「もがも」となり、平安時代にはいって「もがな」が発生した。「も・がも」は、平安時代に「がな」の形で使用される傾向を生じ、終助詞・間投助詞へと分化していった。一方「もがな」は前代に引き続いて用いられたが、室町時代には文語化していった。

話し手自身の願望を表す「ばや」は一般に平安初期に発生したといわれる。語源は諸説すべて未然形接続の助詞「ば」に助詞「や」の接続したものとする。「や」については、係り・疑問の助詞とみるのが一般的である。

「ばや」は平安後期に盛んに使用されている。ただし訓点資料では、ほかの終助詞(「かな」を除く)と共には用いられなかった。鎌倉時代の宇治拾遺物語・平家物語では、まだ会話文の中に見えるが、多くは心情表現中の文中に用いられ、あまり使われなくなってしまう。以後「ばや」は願望の直接表現ではなく、心情の説明の中に主に使われるようになる。室町時代の口語資料に見える「ばや」はすでにきわめて限られた文語的用法になっているのである。意味も「む」「う」に近くなっている。

他に対してあつらえ望む意を表す「ね」は上代に用いられた助詞で、打ち消しの助動詞「ぬ」の已然形に起源をもつものといわれる。終助詞の「ね」は、もっぱら上代に用いられ、中古以後はほとんど見られないものである。また、「がね」は一般に、他者に対する希求の終助詞と解されているが、本来は接続助詞と解すべきものである。ただ、その用例の大部分が、倒置された例であるために、従来、文脈的に終助詞のように解釈されることが多い。中古には、「がね」の例がなく、「がに」の用例がある。

願望・強意の「がな」は万葉集の用字「毛（も）欲得（がも）」やあとの「も哉」から派生した「をがな」がさらに単独の「がな」を作り出したものと思われる。

「がな」の意味は、「もが」と同じく願望を表し、強い表現も見られるが、「……がないかなあ」といった詠嘆の気持ちが濃く、形式的になっていく。活用語の命令語に接続する「がな」も自身の誂望の意味は命令に吸収され、「がな」はますます意味を希薄にして、「かし」のごとくになったものと思われるのである。

この「がな」について森脇茂秀は「希望の助辞「もがな」「がな」をめぐって（二）」[6]に次のように指摘している。[7]

（中略）中世前期の「がな」は、副詞句と呼応し、「主体的希望表現」形式を担ったが、中世後期には「不定語」と「がな」が共起することで、文が終止せず、後に続く用法（「副助辞用法」）が主用法となり、「不定語＋がな」が副詞句化する。即ち、「副詞句内に収斂された」ことで、「がな」は衰退したことが明らかとなった。

右の史的変遷過程は、助辞「かし」が、中世後期「［副詞句］―かし。」で「主体的希望表現」形式に用いられ、近世期には「さぞかし―。」のように慣用句化すること同様の変遷過程であると考えられる。

「かし」は係助詞から終助詞に転じた感動を表す「か」と強調指示の「し」との複合したものである。「かし」は中古の初期は散文には用例が少ないが、中期の仮名文の日記、物語などに多く見られる。院政、鎌倉期には次第に用法が偏向し衰える。また、中世後期の抄物では命令形にだけ接続するようになる。

これについて森脇茂秀は「終助辞「かし」をめぐって」[8]に次のように指摘している。[9]

終助辞「かし」は、中世末期には、希望表現として用いられるに至り、

【中古】　言語主体の判断（断定）／心理（待ち望み）（＝言わば「詠嘆的希望」）

【中世後期】言語主体の判断（断定）／「ぞかし」…〈文章語〉
希望（＝主体的希望（「（副詞句）―かし」）「がな」「もがな」（＝詠嘆的希望）
心理（＝詠嘆的希望（「依頼用法」／「命令用法」）（ロドリゲス『日本大文典』）

また、『あゆひ抄』[10]では「かし」について次のように指摘している。[11]

［何かし］何は、脚結・装の末・また、目などなり。ことわりにまかせたる事を言ひて、人に思はせたる言葉なり。二例。○第一目・また誂の脚結を受く。（中略）誂ふる心のうちに、ことわりをもて人を動かす心なり。里に「何トアレカシ」など言ふ言葉は、ただ深く願へる心なれば、これにかなはず。世を経て心得たがへるなるべし。

詠嘆・感動の「かも」は係助詞「か」と係助詞「も」が結合したものの終止用法を基とする。係助詞「か」は、ふつう疑問・反語・詠嘆などの意を表すもので、係助詞「も」が結びついた場合にも、むろん、疑問・反語の意に感動をプラスした表現となるときがある。したがって、終助詞をただ文末に位置する語と規定すれば、これらも終助詞「かも」と認定することはできる。「かも」は中古以降、「かな」に圧倒されて、古今集などの中古前期の歌にはよく見られても、やがては擬古的な歌だけに、まれに使われるようになっていく。また、「かな」は係助詞「か」と間投助詞「な」の結びついたもので、その結びつきは「かも」の場合より強く、一語的な終助詞として、文末にあって詠嘆を表すことが多い。

「かな」は一般に中古から中世にかけて広く使われており、以後は、連歌俳諧の中で切れ字[12]として使われるものである。会話文の中では「か」の「な」のついた形として文末に位置して、疑いの気持ちを相手にもちかけるような「かな」が主に使われるようになり、これがやや変形しながら現代語にまで引き継がれている。

終助詞の「も」は、上代に盛んに用いられたが、中古には衰え、歌にわずか見られるだけである。また、漢文訓読語としてはほとんど用いられない。

「は」は係助詞「は」に起源をもつ。上代には、終止用法の係助詞「は」は見られない。しかし、係助詞「は」に助詞「も」のついた「はも」の形をとって文末に用いられることは多かった。中古にも「はも」「はや」は文末に用いられ、詠嘆を表した。これに対して、中古には、「は」で終止する用法が現れた。これは、強調的に文末におかれた係助詞より転じて、表現内容全体に詠嘆の意を付け加えた終助詞となったものと考えられる。終助詞の「は」は、院政期から中世前期（鎌倉時代）へと引き継がれる。

「は」の意味は、会話文の中に用いられることを特徴とする口語の終助詞で、文末にあって、表現全体に感動・詠嘆の意を加える。

また、『日本文法事典』[13]には次のように分類している。

文語では「な（禁止）・そ・ばや・か（が）・なむ・か・な（感動）・かし」、口語では「な（禁止）・な（命令）・か・の・な（感動・詠嘆）・よ・ぞ・とも・わ」などがこれに含まれる。

右のように分類して文語の終助詞については、次のような記述がある。[14]

〈な（禁止）〉 文語の「な」は活用語の終止形（ただし、ラ変には連用形）に接続し、禁止の意を表す。「…な」の意となる。（中略）

〈そ〉 文語の「そ」は、活用語の連用形（ただしカ変・サ変には未然形）に接続し、禁止の意を表す。奈良時代から平安時代にかけては、「な―そ」の形で用いられることが多く、「そ」単独の用例は、院政時代以降に見られる。（中略）

〈ばや〉 文語の「ばや」は活用語の未然形に接続し、自己の希望を表す。（中略）

〈か・が〉 文語の「か・が」は単独で用いられることはなく、動詞に接続する場合は「てしか（てしかな・てしかも）」「にしかな・にしかも」、体言や形容詞に接続

する場合は「もが（もがな・もがも）」の形で用いられる。希望の意を表す。（中略）
〈なむ〉文語の「なむ」は活用語の未然形に接続し、他に対してあつらえ望むを表す。（中略）
〈か〉文語の「か」は活用語の連体形および体言に接続し、感動・詠嘆を表す。また、「かも」「かな」の形で用いられることも多い。「か」と「かも」は奈良時代に、「かな」は平安時代以降、多く用いられた。（中略）
〈な（感動）〉文語の「な」は、完結した文の末尾や体言などに接続し、感動を表す。（中略）
〈かし〉文語の「かし」は、完結した文の末尾に接続し、念を押す意を表す。（中略）なお、中世以降、「かし」は、命令形や「ぞ」に下接することが多くなった。

以上は、従来の古典語の終助詞に関する研究の概略をまとめたものである。(15) ところで、松村明は『日本文法大辞典』の中で、「かしら」の前身である「しらん」と「やら」の前身である「やらん」を古典語の助詞として扱い、これらについて松村明の説を踏まえてまとめると、次のようである。

「しらん」[16]は動詞「知る」に打消の助動詞「ず」の連体形「ぬ」のついた「知らぬ」が、終助詞的に用いられた語である。「知らぬ」の語は、古くから用いられているが、終助詞的機能を果たすようになったのは、室町時代頃からと推定される。この「しらぬ」は疑問の意を表す「か」につき、「かしらん」の形で用いられる。また、「ぞしらぬ」「ぢゃしらぬ」の例も見られる。上に疑問を表す語があるとき、「か」を伴わずに、活用語の終止形に、直接についても用いられる。「しらぬ」は「かしらん」の形で使われることもある。この語はある物事に関して判断しかねて迷っていることを表す。

疑問・不定の「やらん」[17]は断定の助動詞「なり」の連用形「に」、疑問の係助詞「や」、ラ変動詞「あり」の未然形「あら」、推量の助動詞「む」の連体形の結合した「にやあらむ」から転じた語である。これが「やらん」の形で初めて見られたのは、『浜松中納言』であるが、まだ助動詞としての機能が残っている。「やらん」が助詞の機能を見せるようになるのは、鎌倉時代以降であると考えられる。室町時代に入ると、「やらう」を経て「やら」になる。しかし、室町時代末期には、「やら」が成立しているが、『天草版平家物語』には「やらん」が文中に使われている例も見られる。また、『御伽草子』には「やらん」が文末に使われている例も見られる。用法の面では「やらん」「やらう」

は終助詞的用法と副助詞的用法とを同時に有している。つまり、一つの文の中で上の句に対しては終助詞的用法になり、下の句に対しては副助詞的用法になるということである。これが次第に疑問・不定の意からはっきりそれとは言わない不確かな気持ちを表す副助詞へ、さらに並立助詞へと変遷していく。この「やらん」は「やらう」を経て、「やら」に転じたと考えられる。

　また、此島正年は『国語助詞の研究』で終助詞を三種類に分けて次のように述べている。

> 係助詞が文中において文の陳述に関係するのに対し、終助詞は文末にあって陳述をしめくくる助詞で、一般に次のような語が挙げられる。
> （1）な（禁止）
> （2）な・ね・が（＝も・な）・ばや・かし
> （3）か・ぞ・ぜ・とも・は（わ）
> 等。（1）は古代語・近代語を通じて、（2）は古代語に、（3）は近代語に用いられる。

ここでは、（3）の「か」「ぞ」「は（わ）」については、係助詞が文中の用法を失って終助詞化したものであるので、係助詞の文末用法として扱っている。また、注目されるのは、「なむ」[18]を係助詞として扱っていることである。係助詞の文末用法として扱われている「か」「ぞ」をまとめると、次のとおりである。（他の終助詞は他の先行研究者の指摘と変わりがないため、ここでは改めて取り上げないことにする。また、（3）の「ぜ」「とも」は江戸時代以降の終助詞のため、ここでは触れないことにする。）

文末に使われる「か」と「や」は疑問の意として使われた。その際「や」は活用語の終止形を、「か」は体言もしくは活用語の連体形を受ける。上代には「や」は問い、「か」は疑いと区別して使われた。「か」は疑問の意が強まると反語となる。この「か」は平安時代まで「や」に圧倒されるが、室町時代になると、「や」は「か」に圧倒されて現代に及んでいる。

「ぞ」[19]の文中用法は、室町時代にはすでにかなり衰退し、それに代わるように文末用法が盛んになり、ついに江戸時代末期には完全に終助詞化してしまったのである。しかし、平安時代まで「体言・連体語＋ぞ」という形で「なるぞ」「あるぞ」という断定の意を表すのに用いられた。しかし、一方ではそれほど多くはないが、「疑問詞＋ぞ」「疑問詞…ぞ」という形も見られるようになる。これが室町時代に入ると、疑問詞と共起する「ぞ」の用法として固定して一般に用いられるようになる。この「ぞ」について、土井忠生は「近古の国語」[20]で次のように指摘している。

この種のゾは疑問を表はすものであつて、先行の疑問詞（代名詞、副詞）に応ずるものである。

これは疑問詞と共起する「ぞ」は疑問の用法として使われているのではなくて疑問文の標に過ぎないということを指摘していると考えられる。なお、江戸時代初期の「ぞ」について『日本国語大辞典』に次のような記述がある。

「虎明本狂言」では、上位者から下位者へのほか、対等および下位者から上位者への使用例も全体の半数近くあり、「ござるぞ」のように敬意を含んだ表現とともに用いられる例もある。[21]

また、疑問詞とともに用いられる「ぢゃ」が一般に使われるようになるので、疑問詞と共起する「ぞ」は形態面においても乱れが見られるようになる。

このように終助詞については個別的な研究が行われて来た。しかしながら、意味的に近似した用法を持っている終助詞の研究や転成終助詞に関する研究はまだ十分ではないと思われる。

注

(1) 山田孝雄『日本文法学概論』寶文館、一九三六年

(2) 橋本進吉『国語法研究』岩波書店、一九四八年、六五-六六頁

(3) 松村明『日本文法大辞典』明治書院、一九七一年

(4) 松村明『日本文法大辞典』明治書院、一九七一年、三一六頁

(5) 松村明『古典語現代語 助詞助動詞詳説』学燈社、一九七八年、五九九-六六五頁
本論稿では古語の終助詞を研究対象にするため、現代語の終助詞は取り上げないことにする。
また、各項目に関連する先行研究がある場合、加えることにする。

(6) 森脇茂秀 二〇〇一年三月「希望の助辞「もがな」「がな」をめぐって(二)」山口大学『山口国文』二四

(7) 先行研究を加えたものである。

(8) 森脇茂秀 一九九九年「終助辞「かし」をめぐって」山口大学『山口国文』二二

（9）先行研究を加えたものである。
（10）中田祝夫・竹岡正夫『あゆひ抄新注』風間書房、一九六〇年
（11）先行研究を加えたものである。
（12）尚学図書編『国語大辞典』小学館、一九八八年一一月

きれじ【切字】連歌、俳諧の発句で、句末に用いて一句を独立させたり、句中に用いて一句に曲折を与えたりする詠嘆の意をもつ語。「野ざらしを心に風のしむ身かな」の「かな」、「古池や蛙飛びこむ水の音」の「や」、「旅人と我が名呼ばれん初しぐれ」の「ん」など、終助詞や活用語の終止形、命令形などが主であるが、今日では詠嘆の意で文法的に切れる場合をすべて称している。

（13）北原保雄ほか『日本文法事典』有精堂出版、一九八一年一二月、二三三頁
（14）『日本文法事典』の口語の終助詞は研究対象ではないため、改めて取り上げないことにする。また、各項目の例は省略することにする。
（15）鈴木一彦・林巨樹編『研究資料日本文法　第七巻　助辞編（三）助詞・助動詞辞典』明治書院、一九八五年四月、二二五-二五〇頁には次のように古語の終助詞を分類している。

「な—そ・な（禁止）・な（感動・詠嘆）・なむ・しか（てしかな・にしかな）・もが（もがも・もがな）・がな・ばや・か（詠嘆・感動）・かも・かな・かし・も・は（詠嘆・感動）・に・ね（他に対してあつらえ望む意）・がね（がに）」

（16）以下の記述は、松村明の説に基づいて先行研究を加えてまとめた。
此島正年『国語助詞の研究—助詞史素描—』桜楓社、一九六六年三月
湯澤幸吉郎『徳川時代言語の研究』風間書房、一九五五年一〇月
湯澤幸吉郎『江戸言葉の研究』明治書院、一九八一年

日本国語大辞典第二版編集委員会　『日本国語大辞典』　小学館、二〇〇〇年一月-二〇〇二年一二月

（17）　以下の先行研究をまとめたものである。

室町時代語辞典編委員会編　『時代別国語大辞典　室町時代編』　三省堂、一九八五-二〇〇一年
日本国語大辞典第二版編集委員会　『日本国語大辞典』　小学館、二〇〇〇年
松村明　『日本大辞典事典』　明治書院、一九七六年
鈴木一彦・林巨樹編　『研究資料日本文法　第七巻　助辞編（二）助詞・助動詞辞典』　明治書院、一九八四年三月-一九八五年四月
山口堯二　一九九〇年　「疑問助詞「やらん」の成立」　大阪大学『語文』五三・五四
秋山知子　一九九七年一〇月　「室町時代の助詞ヤについて」　四国大学『うずしお文藻』一三
濱千代いづみ　一九九七年　「平家物語における複合語「やらん」の用法」　『富田工業高等専門学校研究紀要』第三〇号

（18）　此島正年　『国語助詞の研究』　桜楓社、一九七三年

此島正年は「係助詞の文末用法」の項目に「なむ」について次のように指摘している。

法を認めたい。

（中略）しかし、それにかかわらず、私は「なむ」「こそ」を含めて古代の係助詞の文末用法を認めたい。文中の用法と文末の用法とを同一語とするか別語とするかの境界は、決してそれほどはっきりしたものではないし、何よりも、係助詞が文全体の陳述に関係するが故に文末にも位置しうるという原理は、尊重されてよいのではないか。

右のように指摘して「なむ」を係助詞の文末用法として扱っている。

（19）　以下の記述は、此島正年の説に基づいてこれに次の先行研究を加えてまとめた。

春日和男　一九五五年　「「也」字の訓について」　『国語国文』第二四巻第二号

外山映次　一九五七年「質問表現に文末助詞ゾについて—近世初期京阪語を資料として—」武蔵野書院刊行『国語学』三一号
森野崇　一九九二年「平安時代における終助詞『ぞ』の機能」国語学会『国語学』一六八号
森野崇　一九九三年「奈良時代の終助詞「ぞ」について」『国語国文』第六二巻第五号
千康　一九九八年「不定語と共起する終助詞「ぞ」の機能—平安時代の仮名文献を手掛かりとして—」『国語国文』第六七巻第六号

(20)　土井忠生「近古の国語」『国語科学講座5　日本史学』明治書院、一九三三-一九三五年

(21)　日本国語大辞典第二版編集委会『日本国語大辞典』小学館、二〇〇〇年一二月-二〇〇二年一二月、一九七頁

第二章　本論稿の研究方法

終助詞は、前章で触れたようにその定義と分類に問題を含んでいるが、本論稿では松村明の説に基づいて次のように再定義する。

（1）終助詞は、述語と結び付いて常に文の終止にのみ用いられるものである。
（2）係助詞の終助詞的用法と言われるものも終助詞と見なす。ただし、すでに終助詞化されて文中に使われないものに限る。
（3）助動詞及び動詞などから転成した「やらん（う）」「かしらぬ（ん）」も終助詞の一つとして扱うことにする。転成以前の品詞とは関係なく、文末に使われるものは終助詞と認める。ただし、無活用のものに限る。

本論稿では、このような定義に基づいて問題となる終助詞を中心に、古代日本語が近代日本語に転じていく過渡期に当たる室町時代末期から江戸時代初期を中心に考察を試みることにする。

まず、終助詞を次の類に分ける。

第一類　室町時代末期に意味の変遷が見られる終助詞（「がな」「かし」、疑問詞と共起する「ぞ」）。

第二類　他の品詞から転成した終助詞（「やらん（う）」「かしらぬ（ん）」）。

右の二分類に基づいて、室町時代の口語資料である「キリシタン資料」・「朝鮮資料」・『大蔵虎明本狂言』及び江戸時代初期の資料である『天正狂言本』・『醒睡笑』・『きのふはけふの物語』・『近松浄瑠璃集』などを主な考察の対象とする。

研究方法としては次のような方針で進めたい。

①室町時代末期と江戸時代初期の口語資料を対象として終助詞の分布を文献毎に調査し、「会話文」「地の文」「ト書き」「和歌」によってどのような用法が見られるかについて考察する。ただし、『天草版平家物語』の巻四は巻一から巻三までと違って文語的性格の強いものであるので、右の区別はしない。

②第一類の希望の「かし」「がな」は近似した用法を持っているものである。室町時代末期になると、「かし」は強意の終助詞として使われる。

また、「がな」は終助詞から副助詞へと変遷する。本論稿では、この二つの助詞においてどのような用法・意味変遷が見られるかについて考察を試みる。

また、終助詞の「ぞ」は疑問詞と共起するものを対象にする。疑問詞と共起する「ぞ」の働きは単なる疑問文の標であるとされている。しかし、疑問詞が文末まで力を及ぼすものの場合には、「ぞ」が疑問文の標と言えるが、文末まで力が及ばない疑問詞を含む疑問文や疑問詞を含む連体句と連用句の修飾を受ける文末に用いられる場合の「ぞ」も疑問文の標と言えるかどうかについては問題があり、疑問詞と共起する「ぞ」の機能を明確にするために、再検討する必要があると考えられる。

そこで本論稿では、疑問詞と共起する「ぞ」の疑問の機能にも焦点を合わせて考察を試みることにしたい。

なお、本論稿の「疑問詞」とは『日本文法辞典[22]』の次の定義によるものである。

物事の実体・状態・位置・推量・理由・時などが、疑問あるいは不定であることを表す語。「だれ・なに・いつ・どこ」などの代名詞、「いくつ・いくら」などの数詞、「どう・なぜ」などの副詞、「どの・どんな」などの連体詞を、意味的類似に基づいて便宜的に一括する際の呼び名で、品詞名ではない[23]。

用例中の文末に用いられる「ぞ」はすべて終助詞として扱う。文中で疑問詞の後に用いられる「ぞ」は副助詞であるので、用例から除外する。しかし、「疑問詞＋ぞ」という形で文末に用いられる「ぞ」は終助詞として扱う。以上の用例を文末に「ぞ」が用いられる文と疑問詞と共起する「ぞ」の文、それから疑問詞だけ用いられる文に区別する。また、意味面では「断定」「疑問」に大きく分ける。「疑問」の場合、疑問詞と文末の「ぞ」との関係を明確にするため、疑問詞ごとに区別する。

③第二類の疑問・不定の「やらん」は「にやあらむ」が転じたものであり、鎌倉時代に「やらん」の形で使い始められたものである。これが一語の助詞のように使われるようになったのは、鎌倉時代以後のことと考えられる。この「やらん」が固定化して盛んに使われたのは、室町時代以降のことである。また、室町時代末期には「やら」が成立していたが、「やらん」「やらう」も並存して使われた。用法上は、「やらん」が文末にくると終助詞になるが、文中にくる場合は上に対しては終助詞、下に対しては副助詞と二つの役目を兼ねる用法を備えていた。

ここでは、「やらん」「やらう」および「やら」の三つの形が併用されていた室町時代末期を中心に考察を試みる。

また、「かしらぬ（ん）」は動詞「知る」に打消の助動詞「ず」の連体形の「ぬ」のついた「知らぬ」が、終助詞に転じた語である。これが終助詞的機能を果たすようになったのは、室町時代の頃からと推定される。これは文末で「かしらぬ」「ぞしらぬ」「ぢゃしらぬ」および、「か」「ぞ」もない「しらぬ」の形で使われる。また、『大蔵虎明本狂言』では「知る」の代わりに謙譲語の「存ずる」が使われる例も見られる。一方、疑問詞「何」の後に付いて「何かしらん」の形で文中に使用された例も見られるが、それはわずかで文末に使われる場合が普通である。「かしらぬ」から変化した「かしらん」の形で使われ始めるのは、江戸時代の頃からである。これらは相手に直接質問するのではなく、自分が知らないということを表すところに機能の中心があり、相手が答えられないことを聞いたり、話し手限りの発話で、疑いを表したりするのに使われている。なお、文中に使われる「何かしらん」は不定の意味として使われる。自問の意として使われる「かしらん」は江戸時代以降になると、「かしら」の形で使われるようになり、これが現代語へ引き継がれる。

ここでは、「かしらぬ（ん）」の形式について室町時代末期から江戸時代初期を中心に考察を加えることにしたい。[24]

また、別に「終助詞の周辺語」の章を立てて「は」「げな」の考察を試みる。

「げな」の前身にあたる「げなり」は、接尾語「げ」に、活用語尾「なり」のついたものであり、活用語の連体形に付く助動詞である。「げな」はその連体形「げなる」の終止法によって「る」が脱落したもので、室町時代以降の形である。[25]用法の面では、室町時代までしかるべき確かな根拠に基づいて、当面する事態について、自らの推定を下す推量と様態の意を表すのに使われる。室町時代以降になると、伝聞の用法が発生し、室町時代末期からは推量と様態の用法より伝聞の方が多く使われるようになる。この「げな」は江戸時代になると、終助詞的用法の例が多く見られる。他の活用は「げにござる（候）」などの形でのみに用いられる。「げな」の伝聞の用法が発生するまでは、「さうな」が名詞・動詞連用形に接続してその働きをした。[26]しかし、「さうな」は室町時代末期になると、終止連体形に接続して伝聞の意を表すのに使われるようになる。この「さうな」の伝聞の用法の発生が「げな」を衰退させる原因になる。江戸時代以降になると、「さうな」に圧倒されて衰退する。

ここでは「げな」が江戸時代になると、終止用法が見られるようになるところに注目したい。助動詞であった「げな」が終止用法に使われるようになって、終助詞化[27]された結果を示すものではないかという仮説に立って「げな」の文末的用法の考察を試みる。

注

(22) 北原保雄ほか『日本文法事典』有精堂出版、一九八二年一二月

(23) 「たぞ」はすでに慣用句化されたものであり、疑問詞と共起する「ぞ」とは違うのでここでは除外することにする。ロドリゲス『日本大文典』では疑問詞の項目で「たぞ」を疑問詞として扱っている。

○疑問詞は或ものに就いて疑ひ又は問ふのに用ゐられるものである。例へば、Tare（誰）、taso（誰ぞ）、dore（どれ）、icafodo（如何程）、等

(24) ここでは「かしら」は扱わないことにする。「かしら」は「かしらん」から「ん」が脱落した形で江戸時代以降に使われるものである。それ故、ここでは扱わないことにする。「かしら」が使われる時代について松村明は『日本文法大辞典』の「かしらん」の項目に次のように記述している。

［終助詞］「か知らぬ」からできた。江戸時代には、「かしらん」の形で用いられたが、その後「かしら」が多くなって、明治・大正と漸減し、今日では、ほとんど用いられない。接続・意味は「かしら」と同じである。

(25) 山口堯二　一九九八年一〇月「助動詞の伝聞表示に関する通史的考察」『京都言文』二

「げ」は、中古においては形容詞（形容詞活用の助動詞）・形容動詞の語幹、動詞連用形、名詞などに付いて、形容詞語幹をつくる接尾語であったが、活用語尾「なり」とともに機能性を高めて、活用語の連体形に広く助動詞に転じたものである。「げな」はその「げなり」の連体形が、中世における終止同化によって終止形並みになり、そこからさらに語尾の「る」が脱落したものであって、ほぼ室町期以降の形と考えられる。

(26) 仙波光明「終止連体形接続の『げな』と『さうな』―伝聞用法の発生から定着まで―」『佐伯梅友博士喜寿記念　国語学論集』一九七六年一二月

(27) 日本国語大辞典第二版編集会『日本国語大辞典』小学館、二〇〇〇年一二月-二〇〇二年一二月

『日本国語大辞典』に次のような記述がある。

（2）活用は、室町時代頃からの形容動詞の活用にほぼ一致すると認められる。「げな」を終止の用法に用いる例が圧倒的に多く、終助詞に近い性格を持っている。連用形「げに」は「げにござる（ござります）」などの形でのみ用いられる。

II・本論

第一章　意味変遷が見られる終助詞

第一節　「かし」「がな」

「かし」「がな」は、希望の意を表す終助詞である。しかし、「かし」の場合、室町時代末期になると希望の用法を持ちながらも強く念をおす用法も見られるようになる。また、「がな」は、室町時代末期になると、終助詞的な用法は少なくなって副助詞的な用法として使われるようになる。本章では室町時代末期から江戸時代初期にかけて「かし」「がな」にどのような意味変遷がみられるかを考察していきたい。

1　用例の調査と検討

本章では「キリシタン資料」「朝鮮資料」および「日本資料」から集めた用例につい

て検討しながら、「かし」「がな」がどのような形で意味変遷をしたかについて検討してみたい。

(1) キリシタン資料

『天草版伊曾保物語』

「伊曾保」では「かし」の用例は一二例見られる。それらは全て、「活用語の命令形＋かし」の形をとり、その中の一〇例が希望の意に、二例は強意を表すものとして使われている。

（1）「某は既にこの分でござれば、御分別あれかし。」（四一一-一二）

（2）食はせば、ただも食はせいかし（四二一-一一）

（3）七珍万宝、その外よい酒、よい肴、何でもあれかし（四四八-五）

（4）「仰ぎ願はくは主人を下されよかし」と申せば、（四五四-九）

（5）「願はくは、我を帝王と仰がれよかし。」（四九二-一二）

右の（2）（5）は、「ただも」「願はくは」などの副詞句が先行した用例である。これらは希望を表すのに用いられた例である。ロドリゲス『日本大文典(28)』にこの用法について次のように述べられている。

希求法に就いて

○希求法に用ゐる助詞或いは副詞には二種あって、一は動詞に対して前置され、他は同じ動詞に対して後置される。前置されるのは次のものである。

Auare（あはれ）。

Auare negauacuua（あはれ願はくは）。

Negauacuua（願はくは）。

Goi negauacuua（こひはねがはくは）。

（略）

―これらは現在及び未来に使はれる。然し一般には、Caxi（かし）、又は、gana（がな）、或いは、mogana（もがな）が後になければならない。

○上述の助詞等よりは後にあって、動詞に対して後置される所の助詞は次の通りである。

Caxi（かし）。

Gana（がな）。

Mogana（もがな）。

—これらは現在と未来とに使はれる。

これに対して、（4）は、副詞句が先行しているが、「下されよ」が希望を表し、「かし」は単なる強意として使われていると考えられる。

（3）については『時代別国語大辞典　室町時代編[29]』の「かし」の項目に次のような記述がある。

③命令表現に添えて、提示した事態の現実を期待する話し手の気持ちを強める。

ウ「（で）もあれかし」などの言い方で、仮に想定された事態に対して、許容・放任の意を強める条件句を形づくる。

それ故、（3）は「（で）もあれかし」の形で許容・放任の意を強める条件句を形づくるものとして用いられた例と考えられる。

「伊曾保」では、「がな」の用例は見られず、「疑問詞＋がな[30]」の形で副助詞的に使われている用例が一例見られる。

（6） かの人の、エソポにあたり様が悪うて卑しめらるるによって、どこでがな返報をせうと思ひゐる時分であったによって（四二一-四）

「伊曾保」では、「かし」は主に希望の意に使われているが、強意としての用例も見られ、「かし」の用法が希望の意から強意へ移っていく兆しが見えると思われる。また、「がな」の用例が見られないのは、この時代にはすでに「がな」が使われなくなっていたためではないかと考えられる。

『天草版平家物語』

「平家」では「かし」は、二九例見られる。その中、巻一から巻三までの会話文に一六例が含まれている。そしてそのすべてが「活用語の命令形＋かし」の形である。

（7） 申しうくるところ、詮は、ただ重盛が首を召されよかし、院中をも守護し奉らず、院参のお供をもつかまつるまじい　かの唐土の蕭何は大忠節かたへにこえ

たによって、（四八-一、巻一）

（8）その卒塔婆を浦に持って出て、せめて一本なりとも都あたりへゆられゆけかしと言うて、（六六-一二、巻一）

（9）とても失はれうならば、同じうは都近いこころもとでもあれかしと、言はれたば、せめてのことでござった。（五四-八、巻一）

（10）まづ今様を一つ歌へかしと、あったれば、仏かしこまってござると申して、今様を一つ歌うた。（九六-三、巻二）

（11）ただ都でともかうもならせられいかしと申したれば、宗盛、貞能はまだ知らぬか？（一九一-一八、巻三）

（7）（8）（11）は「ただ…活用語の命令形＋かし」「せめて…活用語の命令形＋かし」の形で希望の意として使われている。このような形の例は「伊曾保」にも見られる。（9）は「（で）もあれかし」の形で、前述の（3）と同じく許容・放任の意を強める条件句を作るものに使われている。（10）は「活用語の命令形＋かし」の形で「歌ってほしい」という希望の意として使われている例である。

巻四では「かし」の用例は一三例見られ、そのすべてが希望の意を表す用例である。

（12）これをばわれいかにもなってのち形見にも見よかしとて、三位の中将殿かうは書かれたと聞こえた。（二八九-一〇、巻四）

（13）千手の前、酌をとって参ったれども、重衡いと興もなげにござったれば、宗茂そこで何事でもあれ、一こゑ申して、御酒お申しあれかしと申せば…（三〇三-一、巻四）

巻四の場合、副詞を伴った用例は（12）しか見られず、残りの一二例はすべてが「活用語の命令形＋かし」の形である。

「平家」には「がな」は一例、「もがな」は二例見られるが、いずれも巻四にしか見られない。

（14）熊谷は、よからう敵がな一人と思うて、待つところに武者一騎沖なふねに目をかけて五段ばかり泳がせて来る。（二七六-五、巻四）

（15）これからいづかたへも落ちゆいて木曾が後生をも弔へかしと言はれたれども、

落ちなんだが、あまり諫められれば、あっぱれよからう敵もがな

（二四五－一五、巻四）

(16) 奥には一首の歌を書かれた。

涙河うき名を流す身なれども、

今ひとしほのあふせともがな。

（二九六－一八、巻四）

(14) は「名詞＋がな」の例、(15) は「名詞＋もがな」の例である。(14)(15) は、「よい敵がいればいいなあ。」の意で希望を表す用例である。また、(16) は和歌の中に使われた「もがな」の例である。「がな」「もがな」が巻四にしか見られないのは、巻四が文語体の性格が強いからである。

「平家」では「がな」が副助詞として使われた用例は見られない。

「平家」では、「かし」は主に希望の意として使われている。また、「がな」は文語体の性格の強い巻四にしか見られないが、これは「がな」がすでにこの時代には使われなくなったことによるものである。

(2) 朝鮮資料

『捷解新語』

「原刊本」には「かし」の用例が三例見られる。これに対応する他の二本の本文とともに示す。[31]

(17) 原) だンながめんもくなうぞんじられまるせうほどに、あわれもとめさしられてくだされかしと申あげまるする (七6ウ)
改) だんながめんもくなうぞんじられまッせうほとに、なにとぞ御とめなされましてくだされいかしと申あげまッする (七9ウ)
重) 対応箇所なし

(18) 原) ゆるりと御やすみなされかしとぞんじて (七16ウ)
改) ゆるりと御やすみなされいかしとぞんじられて (七24ウ)
重) ゆるりとくつろげられまッするやうにとの御ことて御ざりまッする。 (七14オ)

(19) 原) けうわゆるりとなぐさましられていわわしられかし (八27オ)
改) けうわゆるりと御なぐさみなされていわうてくたされませい (八40オ)
重) こんにちはゆるりと御なぐさみなされていわうてくだされまッせい

（八23ウ）

（17）（18）（19）は、「活用語の命令形＋かし」で、（17）は強意の意を表す例であり、（18）（19）は希望の意を表す例である。そのハングル訳文でも「콰댜 /gwadya/ 콰쟈 /gwadzya/」という中世の希望表現の形で訳されている[32]。（17）（18）（19）に見るように、（17）は現代語の終助詞「よ」に近い表現であり、（18）は相手に働きかける意として使われている。また、（19）は自分の希望を示している例にあたる。

「原刊本」には他の表現が使われていて、「改修本」と「重刊本」には「かし」が使われている用例は三例ある。

（20）原）しよけいおたさしられ　（一17オ）

改）御しようかんお御たしなされくたされいかしとぞんじまッする　（一25オ）

重）御しよけいお御たさつしやれてくだされいかしとぞんじまッする（一22ウ）

（20）は、「原刊本」では直接命令する形を取っているが、「改修本」と「重刊本」では命令形の後に「かし」を添えている。これも「くだされい」が希望を表し、「かし」は強意として使われていると思われる。

(21)原)あわれそうもござれかな (五14ウ)
改)どうぞそう御ざれかし (五21ウ)
重)対応箇所なし
(22)原)あわれおしゑさしられかな (九19オ)
改)あわれおしゑさつしやれいかし (九27オ)
重)対応箇所なし

(21)(22)は、「活用語の命令形＋がな」の形で希望の意を表す例である。また、(21)(22)はハングル訳でも「과댜 /gwadya/ 과쟈 /gwadzya/」という中世希望の表現の形に訳されている。

なお、(21)では「原刊本」の「かな」の「か」のハングル音注が「까 /ka/」になっている。ここの「까」が「kk」と並書されたのは、詠嘆の「かな」と希望の「がな」の用法が明確に区別されていなかったためではないかと思われる例である。これに対し

て（22）の「かな」の「か」のハングル音注が「가/ka/」になっている点が注意される。これは「改修本」では「かし」に改められているため、詠嘆の「かな」と解することは出来ないので、ここは「がな」に相当するものと考えるべきである。[33]

このように「がな」の期待されるところが、ハングル音注で「까/kka/」になっている用例は、「原刊本」には合わせて四例見られる。

（23）原）われらめいわくおほうじさしられかな　（一30オ）
　　改）われわれのなんぎにならぬやうになされてくたされませい　（一45ウ）
　　重）われわれのなんぎにならぬやうにさつしやれい　（二4ウ）

（24）原）さてさてあきれたおしらるやうかな　（四11オ）
　　改）さッてさッてあきれたことお、おおせられまッする　（四16オ）
　　重）さッてさッてあきれたことお、おおせられまッする　（四15ウ）

（25）原）ようかンがゐてすましられかな　（四26ウ）
　　改）ようかンがゐて御すめなされませい　（四37ウ）
　　重）ようかんがゐてはやうすみさつしやれい　（四31ウ）

（26）原）あわれそうも御ざれかな　（五14ウ）

改）どうぞそう御ざれかし　（五21ウ）

重）対応箇所なし

(23)(25)(26)のハングル訳はともに「과댜 /gwadya/ 과쟈 /gwadzya/」という中世の希望の表現の形に訳されている。(23)と(25)は「活用語の命令形＋かな」の形を取っているが、これも(21)(22)と同じように「がな」の清音形と考えるべきであろう。(24)は、名詞「やう」に「かな」が付いた形で、詠嘆的用法にあたるものである。

右の(23)(24)(25)(26)も「かな」と「がな」の用法が明確に区別されていないことによる例であろうと思われる。

(27)　原）ふねおもまわさしられかな　（五17ウ）

改）ふねおも御つなき、なわさせられたう　（五25ウ）

重）ふねおもつなぎ、なわさせられたう　（五18ウ）

(28)　原）ぜひとれかなとおしられうが　（八7ウ）

改）ぜひうけさしたうおぼしめしますれども　（八11オ）

重）ぜひうけさしたうおぼしめしまッすれども　（八9オ）

(29) 原）おのおのやうなしゅ、ころくにんも御ざれかなとみなねがうわ　（九17オ）

改）おのおののやうなしゅ、ころくにんも御ざれかなと、みなねがいまっする　（九24オ）

重）対応箇所なし

(27)(28)(29) のハングル訳は「과댜 /gwadya/ 과쟈 /gwadzya/」という中世の希望表現が用いられている。

(28)(29) は、「活用語の命令形＋がな」の用法で希望の意を表している。(29) は、「がな」の後に希望を表す「ねがふ」という動詞がきたので、希望する気持ちをさらに強調しているところと思われる。ハングル音注では「가 /ka/」になっていて、「原刊本」にはガ行の鼻音性が積極的に表されている用例がよく見当たるが、ここではそれが表されていない。

(30) 原）あわれおしゐさしられかな　（九19オ）

改）あわれおしゐさつしやれいかし　（九27オ）

重）対応箇所なし

(31) 原）このふたッつのしまわ、ろくじうろくしゆ（う）のほかかな　（九27ウ）

改）このふたッつのしまわ、ろくじうろくしゆ（う）のほかかな　（九39ウ）

重）このふたッつのしまわ、ろくじうろくしゆうのほかて御さるか　（九18ウ）

(30) は「どうであろうともお教えくださいませい」の意味で、希望の用法である。(31) は、「ほか」という名詞に付いた「かな」で詠嘆的な用法として使われている。また、原刊本の「かな」の「か」のハングル音注が「가/ka/」になっている点が注意される。

(32) 原）あまりたべがなとおしらるほどに　（三18オ）

改）あまり御しいなさるるゆゑ　（三24オ）

重）あまり御しいなさるるゆゑ　（三22ウ）

「がな」が濁音として表示された用例は(32)の例しか見られない。ハングル音注には「nga」になって積極的に鼻音性が表記されている。ここは「活用語の命令形＋がな」

の形で「飲んでほしい」という希望を表す用法と思われる。
この「活用語の命令形＋がな」に関しては『邦訳日葡辞書』[34]の「がな」の項目に次のような記述と訳者注がある。

Gana. ガナ（がな）どうか私に与えてほしい、または、得たいものだ、願わくは、などの意。常に名詞、または、動詞に接する。訳者注）動詞に接するとは、〝行けがな〟〝来いがな〟のように動詞の命令形につく用法をさす。ロドリゲス日本大文典に希求法をつくる助辞と説くもの。

右の『邦訳日葡辞書』の記述に関して森脇茂秀[35]には次のような趣旨の指摘がある。
『日葡辞書』の指摘によれば、（中略）「がな」の「終助辞用法」を指すものであると考えられるが、不定語と共起した「がな」の「副助辞用法」については具体的な指摘がない。ただし、訳語「願わくは」を重視すれば、あるいは他の用法を示唆しているとも考えられる。また、「動詞命令形」につく用法を指摘しているが、中世期には用例がなく、近世期にのみ存するだけで文献に現れてこないのである。

しかし、『捷解新語』にこのように「活用語の命令形＋がな」の用例が見られるのは、室町時代における「活用語の命令形＋がな」の用例と見なすべきではないだろうか。また、「原刊本」の「がな」が「改修本」では「活用語の命令形＋かし」に改まっているのは、「改修本」の時代には、会話文の中には「がな」は使われなくなった証拠ではなかろうか。

(3) 日本資料

『天正狂言本』

『天正狂言本』には「かし」は、会話文に一例、和歌に一例が見られる。

(33) まことにはらが立かや〳〵、はらが立ならば、なわしろをめぐる〳〵水かゞみを見よかし。（二五二-二、田うへ）

(34) 〽あつとゆふ声にもおのれをぢよかし（二六三-一〇、ふじ松）

(33)は、「活用語の命令形＋かし」の形で、念を押して強める用例と思われる。『天正狂言本全釈』[36]の頭注では、「ほんとうに腹立つのかよ、ほんとうに腹立つのかよ。腹が立つならば、苗代をまわりまわり、水鏡を見なよ。」のように解釈している。

「活用語の命令形＋かし」の強意について、『室町時代の言語研究』[37]では、次のように指摘している。

「かし」は、用言の命令形について、意味を強めるに用いる。

○治国ナント、モ云ヘカシ（史記、二二、一二オ）○サウ見ヨカシ（同、十、三六オ）○苦雨…晴ヨカシト思テ苦シム心也（若木、下、二六ウ）○紅ト云ハ布也ヨシ功テモアレカシ布ノコトソ（史記、七、三二ウ）○タトイ名テモアレカシ表」徳シタ程ニナニカ自稱ハセウソ（蒙求、一、一五オ）

（34）は、念を押して強める用例と思われる。『大正狂言本全釈』の頭注では「（大名）あっという声にも、きさま、すこしはこわがれ」のように解釈している。

『天正狂言本』の中の「かし」の用例は、二例ともに、強意として用いられたものと思われる。

『天正狂言本』での「がな」の用例は五例であり、その中、一例が和歌の中に用いられている。

(35)「ゑんま王出て、人がな、出てくわん」とゆふ　(二六五-五、ざひ人)

(36)〽大こくのふくろの内のたからかな　(三〇七-三、大こく)

(35)は「名詞+がな」の表現で、希望の意を表す。『天正狂言本全釈』の頭注では、「閻魔王が登場して、人がいればいいなあ、(地獄から)出て食おうという。」のように解釈している。(36)は、和歌でこれも「名詞+がな」の表現で、希望の意を表す。『天正狂言本全釈』の頭注では「三人が登場して、柳津の虚空蔵へ参詣する。また大黒へ参詣して、徹夜で祈願する。連歌をよむ。「大黒の袋の中の宝(がほしい)なあ。」とある。

『天正狂言本』では、「もがな」の用例は和歌に一例、会話文に一例見られる。

(37)〽ひろたより、〳〵、雲井にかよふつてもがな、〳〵、天の岩戸にことづてをせん。　(二四七-二、ゆ立)

(38)さればうき世は車のわのごとく、めぐり合べきよしもがな　(二六七-七、入房)

(37)は和歌の例で、(38)は会話文の例である。二例とも希望の意を表すものである。これに対して副助詞的に使われている「がな」は和歌に一例見られる。

(39)…あら、ひばりや何がな、くゐなく\と夕つけの、時きじをもとめあとりなば、…

(二七八-六、鳥せんきやう)

(39)は、「疑問詞+がな」の例である。ここでは「何か」のように解して「がな」の副助詞的用法として使われていると思われる。

『醒睡笑』

『醒睡笑』の「かし」は、会話文の中で二つの意味に用いられる。一つは強意、もう一つは希望の意である。強意に用いられた「かし」は六例見られる。

(40)されば尺迦誕生の時、阿難陀竜王は湯を吐、難陀竜王は水を吐、此うぶ湯にぬれながら、七歩を行せられしより起りたることばぞかし。

（41）尊鎮門跡に言上するやう、別して御中よき其何某殿へ、挙状を一通被下されよかしと。

（一〇〇-九、巻三、文之品々）

（八-一四、巻一、謂被謂物之夕由来）

（40）のような「ぞかし」の用例が三例、（41）のように「くださる」の命令形に接続した用例は一例、「活用語の命令形＋かし」の用例は二例見られる。用例がすくないが、ここでも「かし」が慣用句化された「くだされかし」「ぞかし」の形が見られる。

また、希望の意を表す「かし」は一二例見られる。

（42）子を餘多持ちたるに、いはふて、発句を沙汰あれかしと、

（四四-四、巻一、祝過るもゐな物）

（43）六日七日に及へども、糺明なければこらへ兼、各参て御糺明あれかしと申に、伊賀守、事の多さに忘れて候、

（一二〇-二〇、巻三、聞えた批判）

（44）雲無心にして岫を出とあれば、土くさいとせめていいへかし

（二四二-一二、巻六、うそつき）

（42）（43）は、室町時代によく見られる希望の用法である。「…あれかし」の用例は三例見られ、その中、一例が「副詞…あれかし」の形を取っている。また、（44）の場合は、室町時代の希望の表現の典型的な形の「副詞…活用語の命令形＋かし」で、四例見られる。

以上の通り、会話文では希望および強意という両方の用法が見られるが、強意の場合、「かし」が「ぞかし」と慣用句化された「くだされよかし」の形で多く用いられている。

和歌の中の「かし」には、強意の用例は見あたらない。しかし、希望の用例は四例見られる。

（45）即ならべて此歌を、観音の福聚の海はみなにする、誰もかけかし、あらにくの偈や

（二〇-七、巻一、落書）

（46）我身の恥をわれとあらはす犬桜さかでも春を送れかし

（八九-一一、巻一、不文字）

和歌の中の「かし」には、副詞または副詞句が先行する用例は見られなかった。

『醒睡笑』の「がな」は、会話文の中には見あたらず、和歌の中に一〇例が見られる。

(47) 大なる柿うちはがな、二三ぼん貧乏神をあふきいなさん也

(四二-四、巻一、祝過るもゐな物)

(48) 客をえて食の用意をしげるに、亭主走り廻り、たまさかの来臨なるに、いかなるめづらしき物もがなといふ。

(一五三-六、巻四、唯有)

(49) 〽世中にさらぬ別のなくもがな千代もといのる人のこのため　是こそ馬のよみたる證歌ざうよ。

(二七二-一五、巻七、謡)

(47) は「柿団扇があればいいなあ。」の意味で「がな」が希望を表す用法として使われた例で、このような「名詞＋がな」の形は一例しか見られない。

(48) は、「名詞＋もがな」の用例で、これは平安時代に主に使われた「もがな」の用例である。なお、「名詞＋もがな」の用例は六例見られる。

また (49) は、本文[38]には濁音の表示されていない「もかな」の形になっているが、「別れがなければいいなあ。」の意味にあたるので、「もがな」の用例に入れた。[39] このような「形容詞＋もがな」の用例は二例見られる。

また、「がな」には、疑問詞に接続する副助詞としての用法も見られる。

(50) 何をがなと思ひても、在郷の風情なれば、心計やなとゝ云処へ、豆腐は〳〵と売に来れり。

(七二-五、巻二、斉太郎)

(51) 心ある人、内より、何をがなまいらせはやと思へども達磨宗には一物もなし

(二五六-一六、巻七、似合たのぞみ)

(50)は「疑問詞+がな」の形で、会話文の中で副助詞化して使われた例である。このような用例は三例見られる。また、(51)は、和歌の中の用例で、本文(40)には「がな」に濁音は明示されていないが、詠嘆の「かな」は格助詞と接続しないし、意味の上からも「何か」のように訳されるので、「がな」の用例と見なした。

『醒睡笑』の「がな」に、会話文中で副助詞化された用例しか見られないのは、すでに口語の世界では「がな」が使われていなかった証拠となるものである。

『きのふはけふの物語』

『きのふはけふの物語』には、「かし」の用例が和歌に一例、会話文に一例見られる。

(52) くぎやうをば時々なりとすはれかし不断くわうはいはれざりけり（五二-一四）

(53) 「…あまりにあさましき御事にて候。おほそれながら一則御授け候へかし」と申。（六六-五）

(52)(53) は、「活用語の命令形+かし」の形で希望の意を表す例である。

希望の「がな」の用例は一例も見られない。しかし、副助詞的用法として使われている用例は会話文に一例見られる。

(54) 「御喝食様へ何がな進上申たひと思へ共、刀、脇差はいらさる御身なり。扇などはいかめしからず」とて、（一三五-一）

(54) も「疑問詞+がな」の形で、「何かさしあげたい」と解することができるので、ここでも副助詞的用法が見られる。

『大蔵虎明本狂言』

「虎明本」には「かし」が、三三例見られる。会話文に二九例、和歌に二例、小唄に一例、ト書きに一例見られる。

(55)（加賀）うへとうはいつも、お正月で御ざる程に、くるしうあるまひと存る、よいつれも御ざれかし、同道いたいてまいらふに、まづ是につれをまたふと存る （四二-六、脇狂言之類）

(56)（大名）こゝにもなんぢおぢよかし （三二一-二、大名狂言類）

(57)《一こうたのふしは、しがのうらをとをるとて、ふみをおとひたよなふ、かぜのたよりに、つたへとゝけかし、かやうにもうたう、さりながらみやこの事がよく候》 （一一四-一、鬼類・小名類）

(58) 此やうにはなるまひものを、ゆめであれかし、あつてもあられぬ、はらのたつ事じや、 （五七-六、鬼類・小名類）

(59) これ仁御代を御持あるとかや、爰をもつてこじんのことばにいはく、ゐりやうなづきをくだけは、じていくらいにそなはるとは、此時よりのことばぞかし、さればゐにかけるうしだにも、 （一三九-一七、集狂言之類）

三三例の中、三〇例が「活用語の命令形＋かし」の形で、希望の意に用いられている例である。これに対して強意の例は三例しか見られない。(55)は「よい敵がいればいいなあ。」の意で希望の意に用いられた例である。これと同形の例は七例見られるが、いずれも「脇狂言之類」に集中して見られる。(56)は頭注に「主人である私の「あつ」といった声にも下人であるお前はおそれおののけよ。」と記されているように、ここで強意の用法として使われている。このような強意の「かし」の例は、「虎明本」には三例しか見られない。(57)は和歌の例でこれも「活用語の命令形＋かし」の形で希望の意に用いられている例である。(58)の「であれかし」は会話文の例で、許容・放任の意を強める条件句を形づくるものである。このような用法の例は一例しか見られない。(59)は「名詞＋ぞかし」の形で強意を表す例である。

「虎明本」では「かし」の希望が多く見られている。しかし僅かであるが、強意の用法も見られる。これも「活用語の命令形＋かし」の用法が希望から強意へ移っていく兆しと言える。また、「あれかし」「ござれかし」の用例が多く見られる。これは「かし」が次第に慣用的に用いられるようになったことを示すものである。

「虎明本」中の「がな」は会話文に一例、「もがな」は和歌に一例、会話文に二例見られる。

(60)（越前）それは日本一の事で御ざる、只今ひとり事にも、よひつれもがな申て御ざるが、幸の事おとも申さう、さらばかう御ざれ　（四三-六、脇狂言之類）

(61)（太郎冠者）〽なけばこそ、わかれもうけれ鳥のねの、きこえぬ里のあかつきもがな　（一〇七-五、鬼類・小名類）

(62)やいおのれはすいさんな事をいふ、身共にむいてそのつれな事をいはゞきくまひがな　（四三三-一、出家座頭類）

(60)は、「かし」に多く見られる「よひつれござれかし」と同じ希望の「もがな」を用いた例である。(61)は、和歌の中に用いられた「もがな」の例である。(62)は、「がな」が助動詞「まい」をうけた形で「聞きたくない」の意味でここでは希望の「がな」と思われる。

本例について、森脇茂秀[41]は次のような指摘をしている。

「がな」が助動詞「まい」を承けた例で、〈聞きたくない〉等の、反語的希望表現の意に解することができる「がな」の終助詞用法である。

しかし、「虎明本」ではこのような希望の「がな」は少なく、これに対して副助詞的に使われている用例は二九例見られる。その中、二七例が会話文に、二例がト書きに現れる。

(63)《わらへとおほせらるゝにより、くすまるゝ、何がな思ひいだひてわらはふやれと云て、二人ながらわらふ、たんばのものは、きたなかの所、半分わらふ》
(六四-八、脇狂言之類)

(64)(祖父)実もなんぢらが、心ざしのほどもやさしひ程に、さあらば名を付てやらう、何とがなつけうぞ、
(一一四-一七、脇狂言之類)

(65)たゝ一所にいてさへさびしひに、何とがないたさうやれ
(二七六-九、大名狂言類)

(63)はト書きに見られる例で、疑問詞に接続した形で「何か」の意を表すものであ

る。(64)(65)は「疑問詞+がな…う」の形で副助詞的に使われている。このような例について森脇茂秀[42]は次のように指摘している。

「なにがな—ん」で、文が終止する形式である。この用法は、中古には出現せず、「副助詞辞」的な新用法であり、(中略)、後世、「がな」の主用法となる。

「がな」の副助詞的な用法は「疑問詞+がな…う/うずる」の形で使われている例の中に多く見られる。また、「虎明本」では、終助詞的用法として使われている「がな」より副助詞的用法の「がな」が圧倒的に多いのは、終助詞的用法の「がな」が使われなくなったことを物語るものと思われる。

『近松浄瑠璃集』

「近松」では、強意の「かし」は会話文に一五例見られる。

(66) 罪を許してくだされかし冥途にましますゝ父母には追附御目にかゝるべし

(三五-三、曾根崎心中)

（67）五日三日は料簡も有るぞかし　（一六五‐八、冥途の飛脚）
（68）さすがは武士のフシ種ぞかし。　（四五九‐三、心中宵庚申）

（66）は、「活用語の命令形＋かし」の用例で、五例見られるうちの四例がこれと同じ「くだされかし」の形をとる例である。また、（67）のような「活用語の連体形＋ぞかし」の用例が四例見られるが、二例が「あるぞかし」の形で用いられる。（68）は「名詞＋ぞかし」の形で六例が見られる。

会話文に希望の意として使われる「かし」は七例見られる。

（69）せめて三日はろく〳〵に寐物語もあれかしと。　（七四‐一三、重井筒）
（70）首尾になったも気遣はし誰ぞ出よかし内証を。とくと聞いて入りたしと我が家ながら敷居高く。　（一六四‐五、冥途の飛脚）

希望の用例は全て「活用語の命令形＋かし」の形をとるものである。なお、（69）のように副詞が先行する用例は二例見られる。

「近松」では「かし」が会話文の中で主に強意に用いられている。さらに、慣用化された「くだされかし」「あるぞかし」「ぞかし」の形が見られるのは、「活用形の命令形」に接続して希望の意を表す「かし」が口語の世界では使われなくなったことを示しているものと考えられる。

また、和歌の中の「かし」は、四例しか見られない。会話文の中に一例見られるが、意味は強意で、「活用語の連体形＋ぞかし」の形をとるものである。また、希望の意を表すものが二例見られるが、ともに「活用語の命令形＋かし」の形で、その中、副詞が先行する用例が一例見られる。

「近松」では「がな」が六例見られる。この中の五例が会話文の中に用いられている。

(71) よい客もがな出世させ下女の一人も連れさせたう。（七九-一一、重井筒）

(72) エ、竹がな一本（二八八-六、鑓の権三重帷子）

五例の中、一例だけが「名詞＋もがな」の形をとる。また、感動詞が先行する用例は一例しかない。

和歌では「がな」は一例しかない。

(73) 歌えい〳〵鳥がな引鳥がな。　（一六九-一一、冥途の飛脚）

「近松」では「がな」が副助詞化された用例が一五例も見られる。一五例の中、六例が「疑問詞＋がな」の用例である。しかし、「近松」ではこれまで見られなかった副助詞的用法として使われている例が見られる。

(74) さて何がな土産と心ざし候へどもさして變りし品もなし。　（五〇-五、堀川波鼓）
(75) どうがなと存ずる折節忝い與平殿。　（三〇二-一一、山崎與次兵衛壽の門松）

(74)(75)は、「疑問詞＋がな」の用例で副助詞的用法である。

(76) 山鉾見にがな、お出でならん、三條上る室町で。　（六一-一三、堀川波鼓）
(77) いやそれは私寐言がな申したか。　（八四-一二、重井筒）
(78) たゞしお前が病耄けて空耳でがなござりましょ。　（八四-一二、重井筒）
(79) 定めて里に遣ったも偽り捻殺してがな捨てつらん。

（80）　有る所には有らうがな。　（一九五-六、夕霧阿波鳴渡）

（四一三-一四、女殺油地獄）

（76）から（80）までは、「助詞＋がな」「名詞＋がな」「活用語の連用形＋がな」「助動詞（う）＋がな」の形をとる「がな」の副助詞的用法である。この「がな」は漠然たる意味を表すもので、現代語の「でも」にあたると思われる。これについて『徳川時代言語の研究』[43]では次のように指摘している。

◎但どこぞに思ひ入がな有かいの（今宮、九）◎ハテなんにもないもの、非人がな通をつたか（同、四一）

◎相手がな欲しやなあ（大経師、五六）◎鳥がなうたへ（傾城二河白道、上）

（中略）

◎定めし狂言に見とれて、それでがな遅いか（生玉、九）

◎いか成天罰にがな遇ひお［居］ろか（壽門松、三一）

右の「がな」は、文の中にあつて大概に言う意を表す。現代口語の「でも」に当たる様である。

また、『江戸言葉の研究』(44)の「がな」の項目では次のように指摘している。

「がな」は漠然たる意味を表すに用いるが、二つの場合がある。

○おなじみは、またかくべつ、こんたんもあるのでがなござりませう(大系三、一四三)

○瀬川が亡魂《なきたま》のみちびいたのでがな有らふと思へば…(虎之巻、後六、一二)

○畜生ノ行ヒヲ致シタル故、神ノ御罰デガナ有マセウ(出定、下、二七オ)

○ない御縁でがなござりませうから…(笠森お仙、四幕)

「がな」は右のごとく、「であろう」と推量する文の中にあるのが普通である。この場合に左例のごとく推量する意味の語を略することがある。

○[汝ノ]田舎の伯父さまが…縁でがな[アロウ]おれが心安ひ内へ宿をとり、てめへを迎にきたといふことだ(大系一〇、四五九)

(76)の場合、『徳川時代言語の研究』に述べられているように、「でも」の意に解すると「見にでもおいでなのでしょう」になる。(77)は、「寝言をしたかどうか」と解すると、意味が通じないので、「寝言かなにか申したか」と解するのがふさわしい。また、(78)も「空耳か何かでございます」に解されるところである。(79)の現代訳は、「捻殺して捨てでもしたのであろう」である。(80)は、「ある所には有るのだろうに」の意に解釈される。

(76)から(80)までの共通点は、「がな…〈未来〉(う)」「〈未来〉(う)がな」の形をとって用いられるというところである。これは「疑問詞＋がな…〈未来〉」にも見られるものである。

以上の通り、「近松」の「がな」は、希望の意を表す「がな」は用いられなくなって、それがかわって希望の「がな」から転じた副助詞的用法の「がな」が使われているようになったことが明らかになった。

2 結論

以上、室町時代末期から江戸時代初期にかけての文献を中心に「かし」と「がな」の意味変遷を見てきた。「かし」の場合、室町時代には「活用語の命令形」に接続して希望の意を表すのに用いられたが、室町時代末期には「あれかし」「ござれかし」などの形で慣用的に用いられる傾向が見られ、さらに江戸時代に入ってからは、希望を表す用法が少なくなり、慣用化された形の「くだされかし」「あるぞかし」の形で強意を表すようになった。この慣用化が希望の「かし」の消滅を意味すると考えることができる。

また、希望の「がな」は、室町時代には、用例は少ないが末期になると、「活用語の命令形＋がな」の形の用例が見られる一方で、「がな」から転じた副助詞的用法の例も見られるようになる。さらに、江戸時代に入ると、希望の「がな」は見られなくなり、副助詞的用法の例が圧倒的に多く用いられるようになる。

第二節　疑問詞と共起する「ぞ」

「ぞ」には文中に使われるものと文末に使われるものがある。文末に使われる「ぞ」については、係助詞の文末用法と見なす異論もあるが、ここでは、前者を係助詞、後者を終助詞として扱うことにする。(45)

終助詞の「ぞ」は、平安時代まで主に断定の意に用いられるが、一方では疑問詞と共に使われて疑問文を作る用法も見られるようになる。これが室町時代に入ると、疑問詞と共起するのが一般になる。しかし、江戸時代に入ると、「疑問詞＋じゃ」の形も見られるようになって疑問詞と共起する「ぞ」の用法は乱れ始める。本章では、室町時代末期から江戸時代初期の口語資料を中心に疑問詞と共起する「ぞ」の機能について再検討したい。

1　用例の調査と検討

本節では「キリシタン資料」「日本資料[46]」について疑問詞と共起する「ぞ」の働きを検討する。

(1)　キリシタン資料

『天草版伊曾保物語』

「伊曾保」では、疑問文[47]は一一〇例が見られる。疑問詞と共起する「ぞ」（以下、文末の「ぞ」と略称する）の例は、会話文に七二例、地の文に二例が見られる。用例の数からも分かるように、文末の「ぞ」は、会話文に集中的に見られる。これは、「ぞ」の性質として、第三者に教示・報知・説明する語性があるので、相手がいない和歌・ト書きにはあまり使われないためと思われる。これについて、大野晋は『係り結びの研究[48]』で次のように指摘している。

相手に対して説明するゾがある。（中略）物事または事を新たに第三者的存在、いわば外にある存在として提出し、それについて相手に指示・教示・報知・説明する。つまり相手に与えたいと思う新情報・未知の情報を上に提供する。

この指摘の通り、聞き手指向性の助詞「ぞ」は聞き手が存在しない環境では使われにくいので、会話文に集中的に使われる結果になったと思われる。また、疑問詞が使われた疑問文は、会話文に二九例、地の文に七例が見られる。

（1）「さて何とせうぞ？[49]ひとへに汝に任ずるぞ。」（四一八-七）

（2）「今日まではこの家のお主なれども、明日は何とならせられうか」と言うて、（四一八-五）

（3）それを何ぞと言ふに、音声がいささか鼻声で、明らかにないと申すが、（四五〇-一四）

（4）「さて高桜の作者は何と」と問はせらるれば、…（四三六-一三）

（1）と（2）は、文末に「ぞ」と「か」が使われている例で、両者とも積極的に相手に答えを求める文ではないが、問いの気持ちとして使われている疑問文である。文末の「ぞ」が単独に使われて疑問文をなす例が「伊曾保」では見あたらないので、結論を下すことはできないが、文末の「ぞ」が「か」と同じ文末に使われているので、ここでの文末の「ぞ」は疑問の意として使われたものと見るべきではないだろうか。また、（3）は疑問詞の後に「ぞ」が使われた例で相手に積極的に答えを求める疑問文である。これに対して（4）は、「ぞ」が使われていない例である。これは、疑問詞が単独でも疑問文を作れるので、文末の「ぞ」が使われなかったものと思われる。

また、右の例と違って文末が疑問詞の修飾を間接的にうける例も見られる。これは文末の「ぞ」が使われている疑問文として七例が見られる。

（5）「なぜに羊は「借物を負はぬ」とは言ふぞ」と責むれば　（四四五-一二）

（6）「そちはなぜに水を濁らいて、わが口をば汚いたぞ」と怒ったれば、　（四四三-一六）

（7）「…さてもその時の汝が過言は。いつぞのほどに引き換へて、かく浅ましうは成り下ったぞ？…」　（四六〇-一一）

（5）と（6）は、疑問詞を含んだ句の修飾する疑問文である。これは、疑問詞を含んだ疑問句が間接に文末を修飾するので、文末まで力が及ばないものと思われる。それ故、疑問の意を高めるため、疑問の意を持つ「ぞ」が使われているとは言えないだろうか。また、（7）は、「ぞ」が文中で疑問詞の後にきて不定の意に用いられている例である。ここの「いつぞ」をうける述語は「引き換へて」で、ここで文が接続助詞「て」によって続いているが、「いつぞ」がかかるところはここまでであるので、文末に使われている「ぞ」まではかからないと思われる。そのために、文末「ぞ」が単独に使われて疑問の意を表していると見ることができる。

以上の「伊曾保」の例を〈表1〉、〈表2〉に示す。

『天草版平家物語』

「平家」では、疑問文[50]が三六〇例あり、巻四に集中的に見られる。まず、疑問詞と共起する「ぞ」の疑問文は、二三四例見られるが、その中、九三例が巻四に見られる。また、疑問詞が使われている疑問文は、一二六例見られるが、その中、六四例が巻四に見られる。また、疑問詞と共起する「ぞ」は推量の助動詞と「ござる」の後にくる例が多

〈表１〉疑問詞と共起する「ぞ」

天草版伊曾保物語									
疑問詞	名詞	動詞	疑問詞	助動詞					
				む（う、ん）	ござる	た	ぬ	る	計
いかでか				3					3
いずく（いづく）				1					1
いずれ（いづれ）				2					2
いつ（何時）		1(地:1)		1		1			3
たれ（誰）		1	2			1			4
どこ（何処）		4				2			6
なぜ		7		3		4	2		16
なに（何）		3	1	1		2			7
なにごと（何事）	1	2	5			1		2	11
なん（何）			4(地:1)						4
なんたる（何たる）	1								1
なんと（何と）				3		1		1	5
なんとして（何として）				4			1		5
なんとした（何とした）	1				1	1			3
なんの（何の）	2			1					3
計	5	18	12	19	1	13	3	3	74

＊疑問詞：文末が「疑問詞＋ぞ」で終わる例。
＊地：地の文

〈表２〉疑問詞を含む疑問文

天草版伊曾保物語	文中	文末			
疑問詞	か	か	単独	流れ	計
いかが（如何）			1（地:1）		1
いかに（如何に）			4		4
いずれ（いづれ）	1	1			2
いつ（何時）	1				1
たれ（誰）	3				3
たれひと（誰人）	1				1
なぜ			8（地:3）		8
なに（何）	3（地:1）				3
なにたる（何たる）	1			1	2
なんとも（何とも）		1			1
なんと（何と）	1（地:1）	2（地:1）	7		10
計	10	5	20	1	36

＊流れ：受ける述語がなかったり、文が続く場合の例。
＊地：地の文

い。

（8）この郎等の家貞待ちうけて、さていかがござったぞと申したれば、（六—一五、巻一）

（9）雪の白う降りつもった山があったを、あれはいづくぞとお尋ねあれば、（三〇〇—七、巻四）

（10）さておのれはなんとせうぞと、仰せらるれば…（三八九—一六、巻四）

（11）をさない人はいづくにござるかと問はれたれば、御覧ぜられいとあって、（三八七—一五、巻四）

（12）このやうに人の思ひ嘆きのつもる平家の末はなんとあらうか？（九二—一二、巻一）

（13）重盛がかへり聞かうずるところをばなにとてはばかるまいことは？（三三—六、巻一）

（8）～（10）までは、疑問詞と共起する「ぞ」が使われている例で、相手に答えを求める疑問文である。（11）（12）は、文末に疑問の終助詞「か」が使われている例で、これも相手に答えを求める疑問文である。また、(13)は、文末に疑問の意を有する助詞は使われていないが、疑問符が使われているので、疑問文ということが分かる。また、(13)は、疑問詞が直接に文末を修飾するので、文末に疑問の意の助詞を使わなくても疑問文として成り立ち得ると思われる例である。

「平家」では、疑問詞の間接修飾を受ける疑問文は一五例見られる。文末に「ぞ」が使われている例が一四例、残りの一例は、「か」が使われている例である。

(14) その時清盛大きに驚いて、貞能を召して、重盛は何と思うて、これらをば呼びたるぞ?（五〇-一一、巻一）

(15) 世を渡るよすがをば何としてせうとは思ふぞ?（八八-四、巻一）

(16) 遂に討たれられ、越中の前司も落ちゆくが、いづくへ行かば、のがれうかと思うたれば、（二七三-一〇、巻四）

(14)(15)は、疑問詞の間接修飾を受ける例で、疑問詞が文末まで力が及ばないので、疑問の意を強めるために、文末に「ぞ」を加えたと思われる例である。また。(16)も疑問詞が間接に文末を修飾するので、前の例と同じく疑問の意を強めるために、文末に「か」を加えたと思われる例である。

また、次のような例も一例見られる。

(17) 鉄のよい太刀をさへもってござらば、官人どもを安穏には一人もよも帰しまらせうぞ？　（一一三-八、巻二）

(17)は、文末に「ぞ」が使われて疑問文を作る例である。この場合、「ぞ」は疑問の用法として使われているとは言えないだろうか。

以上の「平家」の例を〈表3〉、〈表4〉に示す。

(2) 日本資料

『天正狂言本』

『天正狂言本』では疑問文が二三例見られる。[51] その中で「ぞ」が疑問詞と共起する例は三例しか見られない。

(18) 〽あり明の月をば何とまたふぞ　（三一三-四、わかな）

（19）けしやう文は以たりと、何せうぞみめわる。（二五一-一〇、田うへ）

（20）これは何事ぞととひたまふ。（二五九-二、なるこやるこ）

（18）は和歌の例である。また、（19）（20）は会話文の例で、（19）は自分に問いただす例であり、（20）は相手に積極的に答えを求めている例である。

また、文末に「ぞ」が使われていない疑問文は二〇例が見られる。会話文に九例で、和歌に一一例が見られる。

（21）鬼来て、大そく二そく、小そく八そく、りやうがん天をさす、一こう地にふす時いかん。（三〇二-七、かたはけ物）

（22）我はたふとくおもへどもく、人が何とかおもふらん。（二七七-三、鳥せんきやう）

（23）ふたりゐる間に梅をたがなげて、おれかおぬしかおぬしかをれか。（二九三-六、梅ぬす人）

（24）へたゞ今こゝにて合申、ざい所はいづくの人やらん（三一一-六、ござざとう）

む（う、ん）	うず	ござる	た	なり	ない	なんだ	ぬ	る	計
2	1（④）	1							4
1									1
5（④:4）	1（④）								6
		2（④）							4
							1（④）		1
2（④:1）			1						9
									1
									6
	1（④）								1
3			1（④）						7
				1（④）					2
1									2
7（④:2）		1（④）							14
			1						4
									2
14（④:4）			1			4（④:2）	7（④:2）	1	30
11（④:3）								1	13
2									2
2		3（④:2）	1						26
1									2
2（④）			2（④:1）						5
					1		2（④:1）		3
3（④:1）									2
									7
			1						3
1									1
		1（④）	3						7
21（④:6）			12（④:6）	1					41
									4
1									2
9（④:3）			2（④）						14
4（④:3）									8
91	3	8	25	2	1	4	10	2	234

〈表３〉疑問詞と共起する「ぞ」

天草版平家物語					
疑問詞	形容詞	名詞	動詞	疑問詞	助動詞
					ある
いかが（如何）					
いかで					
いかでか					
いかなる		1（④）			1（④）
いかに（如何に）					
いかほど		1	5（④:3）		
いず（いづ）			1		
いずく（いづく）			4（④:3）	2（④:1）	
いずれ（いづれ）					
いつ（何時）		1	1	1（④）	
いづち		1			
た（誰）		1（④）			
たれ（誰）		1		5（④:2）	
どこ（何処）		1（④）	2（④）		
どの			2（④:1）		
なぜ	1（④）		2		
なに（何）			1		
なにか（何か）					
なにごと（何事）		1（④）		19（④:5）	
なにしに（何しに）			1		
なにと（何と）			1（④）		
なにとて（何とて）					
なにほど					
なにもの（何者）				7（④:3）	
なん（何）				2（④:1）	
なんぞ（何ぞ）					
なんたる（何たる）	1（④）	2（④:1）			
なんと（何と）			7（④:6）		
なんとした（何とした）		4（④:1）			
なんとしたる（何としたる）		1			
なんとして（何として）		1	2		
なんの（何の）		4（④:3）			
計	2	20	29	36	1

＊④：巻４
＊疑問詞：文末が「疑問詞＋ぞ」で終わる例。

	助動詞			
疑問助詞なし	じゃ	は	流れ	計
2（④)				3
3（④)				3
				1
1				5
3				14
				2
				2
				2
				1
1（④)				1
				8
				1
				1
				4
				2
				2
			2	5
				1
1（④)				7
7（④7（歌:1))				7
			1（④)	8
				6
				1
		1		1
				1
				2
	1			3
				2
				25
				2
		1		3
18	1	2	3	126

〈表４〉疑問詞を含む疑問文

天草版平家物語	文中	文末			
疑問詞	か	か	や	の	単独
いかが（如何）					1（④）
いかがでか（如何でか）					
いかで		1			
いかなる	3（④:2）	1（④）			
いかに（如何に）		1（④）			10（④:9）
いかにも		2（④:1）			
いかほど	2				
なんじふまん（幾十万）	2				
いくばく（幾計）	1				
いくほど（幾程）					
いずく（いづく）	2	6（④:4）			
いずち（いづち）			1（④）		
いずれ（いづれ）	1（④）				
いつ（何時）	3（④:2）	1			
たれ（誰）	1			1	
どこ（何処）		2			
なぜ		3			
など	1				
なに（何）	4（④:1）	1			1
なにか（何か）					
なにごと（何事）	7（④:2）				
なにたる（何たる）	3（④:1）	3（④:2）			
なにと（何と）		1（④）			
なにとて（何とて）					
なにほど	1				
なにもの（何者）		2			
なん（何）	1	1			
なんぞ（何ぞ）			2		
なんと（何と）	2（④:1）	8（④:2）			15（④:5）
なんとして（何として）		2			
なんの（何の）	1（④）	1（④）			
計	35	36	3	1	27

＊④：巻４　＊歌：和歌
＊流れ：受ける述語がなかったり、文が続く場合。
＊疑問助詞なし：文末に疑問助詞が使われていない例。

（21）～（24）は会話文の例で、（21）は疑問詞が文末に単独で使われて疑問文をなしている。（22）は文末に推量表現が使われているが、ここでの疑問の意を表すのは文中の「か」である。また、（23）は文が続くため、「たが」がかかるところが後文に続いている。（24）は和歌の例で文末に推量表現が使われて疑問文をなしている例である。

以上の『天正狂言本』の例を〈表5〉に示す。

『醒睡笑』[52]

『醒睡笑』における疑問文は、文末「ぞ」によるものよりも疑問詞を伴うものが非常に多く見られる。疑問文四八二例のうち、疑問詞と共起する「ぞ」を文末に持つものは一四九例見られる。他の三三三例は疑問詞が使われた例である。[53]「平家」および後述の「狂言」「近松」には、推量の助動詞の後にくる「ぞ」の例が多く見られるが、『醒睡笑』にはそのような偏りが見られない。しかし、疑問文の文末に「や」が使われる例が非常に多く見られる。文末の「ぞ」は、会話文に一四二例、和歌に一例、地の文に六例が見られる。また、疑問詞が使われている疑問文は、会話文に二六六例、和歌に一八例、地の文に四九例が見られる。

〈表５〉疑問詞を含む疑問文

天正狂言本	文中	文末				助動詞		
疑問詞	か	単独	やらん	がな	疑問助詞なし	らん	流れ	計
いかん（如何）		1						1
いずく（いづく）			1(歌:1)					1
いつ（何時）	1(歌:1)							1
た（誰）						1(歌:1)	3(歌:1)	4
たれ（誰）	2				1			3
どの					1（歌:1)			1
なぜ					2（歌:2)			2
なに（何）				1(歌:1)				1
なにと（何と）	2				1		1(歌:1)	4
なにとして（何として）					1（歌:1)			1
なにとて（何とて）						1		1
計	5	1	1	1	6	2	4	20

＊歌：和歌
＊流れ：述語が省略されたり、疑問詞を受ける用言が文が長いため、流れる場合。
＊疑問詞なし：文末に疑問助詞が使われていない例。

(25) 其上不弁分限をまでいかにとして知られたるぞ隠れもない

(二六五-一八、巻七、謡)

(26) 皆よられよ、局より仰られ分候と觸たり何事ぞと集りたる座にて別の事になし

(一九〇-一三、巻五、人はそだち)

(27) いろはもよまぬ者ありて、常に人の酒飯といふは何事ぞや

(九一-六、巻三、不文字)

(28) 己かしゆつな何事をいのる(54)と私はたゝ大閤様の御宿願に候何事をいのるぞ

(五七-一九、巻二、貴人の行跡)

(29) 又東堂へ出入者ありて千代もと付られて子細を如何にと問ひし

(五五-六、巻二、名つけ親方)

(25)(26)は、疑問詞と共起する「ぞ」の例で、相手に答えを求める疑問文である。(25)～(29)は、文末に「ぞ」が使われていない例で、この例も相手に答えを求める例である。(27)は多く見られる疑問文で文末に「ぞや」が使われている。ここでは「や」が疑問の働きをするもので、「ぞ」は断定の用法として使われている。また、(28)(29)は疑問詞が直接に文末を修飾するので、疑問の助詞を使わなくても疑問文が成り

立ち得る例であろう。疑問詞の間接修飾をうけ、文末に「ぞ」が使われている例は一六例見られる。

(30) 年至極の姥来り何事をいふてからかひ給ふぞ、何のお五の年ならば何のまきれない事がわれが所にある、（一三〇-一四、巻四、いやな批判）

(31) 何の子細にそれ程眠るぞとあれば。昔より春は蛙か目をかりると申伝て候（一五三-九、巻四、唯有）

(32) 何たる子細にかくいふぞと人の問事あれば、月にも闇にもほへかゝるまゝつけたり（二〇〇-六、巻五、人はそだち）

(30)～(32)は、疑問詞が文末を間接修飾する例で、文末に「ぞ」を使って疑問の意を強めた例であろう。

また、文末の「ぞ」が使われていない例も一〇例ある。

(33) 是はめづらしや此名の心を案するに古も今も若衆道には有まいといふ義にや色〳〵心を付案しけるか師の坊に向ひ、古今とは如何なる巨細ありて付玉へると

問ふたれば　　　　　　　　　　　　　　　　　　　　　　　（一二三〇-一四、巻六、推はちがうた）

（34）我が腹を出ぬ斗に、いか程辛苦して年月そだてたるぞや
　　　　　　　　　　　　　　　　　　　　　　　　　（一二一-一六、巻三、聞えた批判）

（35）貴所はいかなる子細により無言の仕合ぞや、（二五四-四、巻七、似合たのぞみ）

（33）は、疑問詞が連体修飾をする例であるが、文末には疑問の意を持つ助詞は使われていない。しかし、このような例はほとんどなくて（34）と（35）のように文末に「ぞや」が使われている例が多く見られる。これも疑問詞が文末を間接修飾する例の一つと見ることができる。

以上の『醒睡笑』の例を〈表6〉、〈表7〉に示す。

『きのふはけふの物語』

『きのふはけふの物語』では、疑問文の例は、六三例が見られる。[55] その中、疑問詞と共起する「ぞ」の疑問文は三五例、疑問詞が単独で疑問文をなす例は一四例、疑問詞と他の疑問表現で疑問詞をなす例は一四例が見られる。疑問詞と共起する「ぞ」の疑問文の例は会話文に三四例、和歌に一例が見られる。

(36) 亭主も小性もがてんゆかず、「いか成る謂ぞ」と尋ねければ、「こくよくと云義理ぢや」といはれた。 (五〇-一〇)

(37) 折ふしゐのころ一疋来るをとらへて抱き、是にて少腹をあたゝめてゐける所へ、又一人赤裸にて来、「其は何ぞ」と問ふ。 (一四一-四)

(38) 「…又あらまし申せば、ちと聞遠き事なり。何とせうぞ。かた〳〵の望み次第にいたさう」と仰せけれども、 (一三五-九)

(39) 〽白鷺か何ぞと人の問ひし時鶴とこたへて食いなましものを (一一九-一一)

(40) 「さても笑止成事や。此段にて何毒断もいらぬぞ」とて、 (一三〇-九)

(36)〜(38)は会話文の例である。(36)(37)は「ぞ」が疑問詞と共起し、「名詞」と「疑問詞」の後に「ぞ」が使われている例である。また、地の文に「尋ねる」「問う」が使われているので、相手に積極的に答えを求める例である事がわかる。(38)は自分に問う例で積極的な答えは求めない例である。(39)は和歌の例でこの一例しか見られない。また、(40)は会話文の例で、「ぞ」が疑問詞と共起するように見られるが、「何毒断も」は文末の「いらぬ」にかかるので、ここでの「ぞ」は強意として使われている

がる	き	ける	候	た	給う	たり	つ	なり	ぬ	べし	計
											1
						1			1		10
						1					1
						3					5
											1
											1
				1	2						12
			1								2
				1		4					11
											2
											3
						1					1
											1
						1			1		2
				1(地:1)		1	1			1	10
									1		1
					1						19
							1				1
											2
	1										1
				2							8
											1
											19
				2							11
											1
								1			2
1		1				4			1		7
											1
	1			2		1					12
1	2	1	1	9	3	17	2	1	4	1	149

〈表 6〉疑問詞と共起する「ぞ」

醒睡笑	形容詞	名詞	接続助詞	疑問詞	動詞	助動詞	
疑問詞						ある	む（う、ん）
いかで		1					
いかなる		3			5		
いかにとして							
いかほど		1		1			
いくたり					1		
いくら						1	
いずく（いづく）		4		3	2		
いずれ（いづれ）（何れ）				1			
たれ（誰）		2		2	1		1
誰人		1		1			
どこ（何処）		1		1	1		
どれ							
なぜ				1（歌 :1）			
など							
なに（何）	1	1			3		1
なにか（何か）							
なにごと（何事）		1		13(地 :3)	4		
なにさま（何様）							
なにとて（何とて）	1	1					
なになに							
なにもの		1		5			
なにゆえ（何故）				1			
なん（何）		1		16(地 :2)	1		1
なんと（何と）	2	2			5		
なんとした（何とした）				1			
なんとしたる（何としたる）	1						
なんとして（何として）							
なんとて（何とて）	1						
なんの（何の）		4	1		2		1
計	6	24	1	46	25	1	4

＊地：地の文　＊歌：和歌
＊疑問詞：文末が「疑問詞＋ぞ」で終わる例。

			助動詞					
の	単独	疑問助詞なし	む（う、ん）)	けん	らむ	べき	じや	計
	8	5	6（歌:1、地:1）	5(地:4)		1(歌)		29
			2（地:2）					4
		1	3（歌:1）			2		8
	1	2（地:1、歌:1）				1(歌)		4
		1			1（歌）			13
	4	2						7
	13(地:1)		2（歌）		2(歌:1)			20
	1		1					7
	9		1					10
	1		1					4
	2							2
	4							9
								1
	3	1	2			1		13
					2			4
								1
			4（地:1）		1			15
	2							2
	1							2
	5	4（地:1）	4（歌:1）	1	2(歌:1)		1(地:1)	44
	2	3（歌:1）			2(地:1)	1		33
								1
	1					1		3
	3	2						9
								1
								1
				1(地:1)				7
								1
		1						7
1	3（地:1）	4（地:1）	1	1(地:1)	1（歌）	1		42
								6
		1	2（地:1）					10
		1	1		1（歌）			13
1	63	28	30	8	12	8	1	333

〈表 7〉疑問詞を含む疑問文

醒睡笑	文中		文末			
疑問詞	や	か	か	や	やら	やらん
いかが（如何）	1（地）			2（地:1）		1（地:1）
いかさま（如何様）				2		
いかで				1		1
いかでか						
いかなる		2	1（疑:1）	7（地:1、歌:1）		1（歌:1）
いかなれば（如何なれば）				1		
いかに（如何に）	1	1		1		
いかほど				4（疑:1）		1
いかん（如何）						
いくつ（幾つ）			1	1		
いくら						
いずく（いづく）				5（疑:2）		
いずち（いづち）			1			
いずれ（いづれ）		1（地）		3		2（地:2）
いつ（何時）			1（地）			1（地:1）
いつも				1		
たれ（誰）	1	3	1	5（歌:1、疑:1）		
どち						
なぜ				1		
なに（何）	1（地）	6（地:2）	4	11（歌:1、疑:1）	2（歌:1）	3（地:3）
なにごと（何事）	1	3（地:2）	3（疑:1）	16（地:6、疑:9）		2
なにしに（何しに）				1		
なにとして（何として）				1		
なにとて（何とて）		1		3		
なになに			1			
なにほど				1		
なにもの（何者）				2（疑:2）		4（地:3）
なにゆえ（何故）				1		
なん（何）		1（地）		5（地:1、疑:2）		
なんと（何と）		3	5（疑:2）	17（地:3）		5（地:1）
なんとしたる（何としたる）				6		
なんとして（何として）				7		
なんの（何の）		1		9		
計	5	22	18	114	2	21

＊地：地の文　＊歌：和歌
＊疑：疑問詞の後に助詞が直接来る例。
＊疑問助詞なし：文末に疑問助詞が使われていない例。

例であると思われる。また、『きのふはけふの物語』では、疑問詞の間接修飾を受ける例はない。しかし、文末の「ぞ」が使われていない例が、三〇例見られる。

(41) ちいさき時さへ利根成に、成人にしたがひ、いよ〳〵利根になるべきが、いかゞ。 (六九-一六)

(42) いかにと尋ね申せば、「いや、九つ過ぎたる」と仰らるゝ。 (一二四-六)

(43) 「御諚はかたじけなふ候へ共、五つより出家の姿に身をなし、今五十にあまりて上人号まで授かり、今更、何事に落堕つかまつり候べき」と、 (五七-一一)

(44) 「まづ此なりに頭巾をこしらへ申が、何と御座らふ」といふた (六七-一二)

(45) 「風呂屋に、孝行風呂といふがあり。是はいか成謂やらん」といへば、 (五〇-一一)

(46) 「それはいつ比御まき候」 (四八-一〇)

疑問詞が単独で疑問文をなす例は、会話文に一二例、地の文に二例が見られる。(41)(42)は疑問詞が単独で使われている例である。(41)は会話文の例で、(42)が地の文の例である。これは(42)に「尋ねる」があるように相手に積極的に答えを求める例である。また、文末に「ぞ」ではなくて他の疑問表現が使われている例も見られる。これは会話文に一二例、地の文に二例が見られる。(43)(44)は会話文の例で文末に推量表現が使われて疑問文をなしている。また、(45)は文末に「やらん」を使って疑問文をなしている会話文の例である。(46)は文末に疑問表現が使われていない例で、相手に積極的に答えを求める例である。

以上の『きのふはけふの物語』の例を〈表8〉、〈表9〉に示す。

『大蔵虎明本狂言』

「虎明本」での疑問文は計一一八二例が見られる。その中、疑問詞と共起する「ぞ」[56]の形式の疑問文は八三七例が見られる。残りの三四五例は疑問詞のみが使われている文の例である。[57]まず、疑問詞と共起する「ぞ」の形式になっている疑問文を検討してみよう。

疑問詞と共起する「ぞ」の疑問文八三七例のうち、会話文に七六六例、和歌に二八例、ト書きに四三例が見られる。また、疑問詞を含む疑問文[58]一一八二例のうち、疑問詞が疑問の意に用いられている例は三四五例見られる。

会話文の疑問詞と共起する「ぞ」を文末に有する疑問文は、大きく二つに分けられ

〈表 8〉疑問詞と共起する「ぞ」

きのふはけふの物語	名詞	動詞	疑問詞	助動詞					
疑問詞				む（う、ん）	候	たり	なさる	ぬ	計
いかなる	2								2
いかほど	1		1						2
いかやう	1								1
いずかた（いづかた）						1			1
たれ（誰）	1		1						2
どなた	1								1
なに（何）	2	1	5〈歌:1〉		1		1		10
なにごと（何事）			7						7
なにとて（何とて）		1						2	3
なにもの（何物）			1						1
なんと（何と）		2		1					3
なんとした（何とした）	2								2
計	10	4	15	1	1	1	1	2	35

＊歌：和歌

＊疑問詞：疑問詞＋ぞ

〈表 9〉疑問詞を含む疑問文

きのふはけふの物語	文中	文末				助動詞			
疑問詞	か	か	やらん	単独	疑問助詞なし	む（う、ん）	べき	流れ	計
いかが（如何）				3(地:1)		1			4
いかなる	1		1						2
いかに（如何に）				3(地:1)					3
いずく（いづく）			1						1
いつ（何時）					1				1
なぜ				7					7
なに（何）	2	2(地:1)	1(地:1)					1	6
なにごと（何事）							1		1
なにと（何と）		1				1			2
なにとて（何とて）		1							1
計	3	4	3	13	1	2	1	1	28

＊地：地の文
＊流れ：述語が省略されたり、疑問詞を受ける用言が文が長いため、流れる場合。
＊疑問詞なし：文末に疑問助詞が使われていない例。

る。一つは、疑問詞が述語を直接修飾する例と、疑問詞を含んでいる句が述語を間接修飾する例に分けられる。前者は八三七例の中七一六例見られ、後者は前者と比べて数は少ないが、一二一例が見られる。まず、前者の例と他の文型の疑問詞を比べながら、「ぞ」の働きを探ってみよう。

会話文の七六六例の中、推量の助動詞の後に「ぞ」がくる例は、一九〇例見られる。

(47) (太郎冠者) さて〳〵ふかくな事を仰らるゝ、某がもどるまでまたせられひで、なんとしてよからふぞ (一六九-四、大名狂言類)

(48) (太郎冠者) …このやうにしてもゐられぬ、なふ〳〵何とせうぞ、はらのたつ事や (五七-七、鬼類・小名類)

(49) (若衆一) …わかひ衆を同道いたひて、おさかづきをたべうとぞんずるが、何とあらふずるぞ (一三六-一二、脇狂言之類)

(50) (主) さたのかぎりじや、さいぜんのものにとられた物じや、なんとしてよからふ (二九三-一一、女狂言之類)

(51) (妻) いなひでなんとせう (一八五-九、女狂言之類)

(52) (夫) …あれがやうな者は、中々いぬるまひと存て、何といたさうずるとあん

ずる処に、此程おや里へ参て御ざる、とひつゐでじや程に、いとまをやらふと存る　（一八四-四、女狂言之類）

（47）～（49）の例は文末に「ぞ」が使われている疑問文で、（47）（49）の例は相手に答えを求める文である。また、（48）は、自分に問いかける疑問文である。（50）～（52）は文末に「ぞ」が使われていない疑問文で、意味的にも（47）～（49）の例と同じである。この場合は、疑問詞が文末を直接修飾するので、文末に「ぞ」がなくても疑問文は成り立つと言えるだろう。

（53）（すつぱの子）何事で御ざるぞ　（三五八-八、出家座頭類）
（54）（舟頭）やすひ事、山へなりともやれとおしやれ、舟ちんはなんぞ　（三一四-一六、出家座頭類）
（55）（太郎冠者）何事で御ざる　（七一-一一、脇狂言之類）
（56）（大名）なんと　（二三四-六、大名狂言類）

（53）は、助動詞「ござる」の後に「ぞ」が来た例で、相手に答えを求める疑問文である。これに対して、(55)は「ござる」の後に「ぞ」が使われていない例で、意味的には(53)と同じく相手に答えを求める疑問文である。また、(54)の場合は、「疑問詞+ぞ」の形式の疑問文でこれも相手に答えを求める形式である。(55)は(56)に対する例で、疑問詞が単独で使われている疑問文である。これは、話し手に自分が聞いたことに関して、強く問いただす例である。以上、(53)〜(56)は先行研究者の説の通りに、文末の「ぞ」が文全体を強めて疑問文の標として使われているということを裏付ける例である。

これに対して、疑問詞が間接的に述語を修飾する場合は、どうであろうか。疑問詞が間接的に文末を修飾する疑問文は一二一例見られる。

(57)(果報者)どれ〳〵、是をは何にせうと思ふてもつてきたぞ、又みちで雨にあふてかつてきたか、先するゑひろがりを見せい　(七二-一三、大名狂言類)

(58)(馬博労)やい何者なれば、そこにはつなひだぞ　(一二一-九、大名狂言類)

(59)(強力)いかやうなる子細により不審し給ふぞ　(四二六-一五、聟類・山伏類)

(60)(下京の女)それもだんかうによらふが、何とさだめうとおもやるぞ　(二六二-一、女狂言之類)

（61）（出家）名をとふものこそおほけれ、なぜにみゝをとつて引まはすぞ、はらたてずのしやうじきばうじや
（三〇九-三、出家座頭類）

（62）（妻）夫は近比まんぞく致す、わらはゝ花をみうずるが、そなたはなんとした事にはなをかがふとはおしやらしますぞ
（四三五-一三、出家座頭類）

（57）～（62）は、疑問詞が間接的に文末を修飾する例を文型別に集めたものである。それぞれ疑問詞を含んだ句が文末を連用修飾する例で、相手に答えを求める疑問文にあたるものである。（57）は「何にせうと思ふて」が述語を修飾するものであり、（58）は「何者なれば」が「つなひだ」を修飾する。また、（59）は「いかなる子細により」が「し給ふ」を、（60）は「何とさだめう」が「おもやる」を修飾する。（61）は「なぜにみゝをとつて」が文末の「引まはす」を修飾する例である。（62）は連体修飾する例である。これらの疑問詞はそれぞれ受ける体言や用言までしか力が及ばないもので、文全体を疑問文にする時には、文末まで力が十分に及ばないので、文末に「ぞ」を加えたと見ることができる。この場合、「ぞ」は単なる疑問文の標ではなくて、疑問の働きをすると見るべきであろう。

また、「虎明本」では、二例しか見られないが、文末の「ぞ」だけで疑問文を形成す

る例がある。

（63）（妻）なふさて、そなた何としてさて、其やうにぶつきやうなつは、ついてをりやらしますぞ、浅ましひ事やなふさて（二九七-九、女狂言之類）

（64）（茶屋）其儀なればよひ、なふ〳〵そなたは、さやうにりふじんな事をいふぞ（四一二-一二、聟類・山伏類）

（63）は「金岡」と妻との対話の部分で、妻が主人公を責めて問いただす場面である。また、（64）は茶屋と禰宜との対話の部分で、茶屋が禰宜を責めて問いただす場面である。このように、単独に疑問の意として使われている例が見られるのも、文末の「ぞ」が疑問の意を持っていたからであると見ることができる。

以上の「虎明本」の例を〈表10-1〉、〈表10-2〉、〈表11〉に示す。

『近松浄瑠璃集』

「近松」では、疑問文[59]の例は、五〇一例見られる。その中、疑問詞と共起する「ぞ」の疑問文の例が一一六例、疑問詞で疑問文をなす例が三八五例見られる。[60]疑問詞と共起する「ぞ」の疑問文の例は、会話文に一一三例、和歌に二例、地の文に一例見られる。それから、疑問詞で疑問文を形成する例は、三八五例の中、会話文に三六六例、和歌に八例、地の文に一一例見られる。

(65) 詞 錢の直段はどうせうぞ、ハアテそこらは構はぬ。　(一一一-二、丹波與作待夜の小室節)

(66) 地色 忠兵衞氣を急いで花車はなぜ遲いぞ。　(一七七-六、冥途の飛脚)

(67) あれあの天道に睨まれていづくにて身の立つべきぞ。　(二一一-四、夕霧阿波鳴渡)

(68) まあちょっと抱きたいア、どうせうと。(九九-一五、丹波與作待夜の小室節)

(69) 父様はなぜ遲い。　(三三二-一三、大經師昔暦)

(70) 地 父はいよ〳〵腹を立て勘十郎はいづくに有る。　(一四二-一二、五十年忌歌念佛)

(65)～(70)は会話文に見られる例である。(65)(66)(67)は、文末に「ぞ」がくる疑問文で、(65)は自分に問いかける疑問文であり、(66)(67)は相手に答えを求め

疑問詞	助動詞							
	ある	いる	む（う、ん）	うず	おじやる	おる	ござる	じや
			3		1		5	
				1				
							2	1
			1				8	
			1					
							1	
			4（歌:1、ト:1）				1	
	2		2（歌:2）					
6（歌:3）			8（歌:2）				4	
2（ト:1）			1	1	1		1	
2（ト:1）			1				2	
				2				
			1	2			3(ト:1)	
			1				1	
1（歌:1）			4		2		2	
						1		
1（歌:1）			24（歌:1、ト:1）			1	2	
			9	1(ト:1)	1		1	
			3					
17（歌:4、ト:4）	2			1(ト:1)	5	3	23	
			2	1				
	1			1	1			
18（歌:1、ト:1）		1	1（ト:1）					
			1					
17（ト:3）			8		1		9	1
				1				
4	3(ト:1)	1	79（歌:1、ト:3）	18			2	
							1	
			21				2	
12（ト:1）			1				8	
							1	
80	8	2	178	29	12	5	79	2

次のページへ続く。

〈表 10-1〉疑問詞と共起する「ぞ」

大蔵虎明本狂言	形容詞	形容動詞	名詞	助詞	接続詞	動詞
疑問詞						
いかほど			1			7
いかなる			5（歌 :2、ト :1）			
いかやう						
いかやうな（如何様な）			9			1
いかやうなる（如何様なる）			9			
いずかた（いづかた）						1
いずく（いづく）			2（ト :1）			2
いつ（何時）	1		1			8
た（誰）						1
たれ（誰）						2
どこ（何処）	1		4（ト :1）	1		5（ト :2）
どこもと（何処元）						3
どち			1	1		10
どなた						
どの			2			
どれ			2	1		6
なぜ						7
なに（何）						12（歌 :1、ト :3）
なにが（何が）		3				
なにがし						
なにごと（何事）						33（ト :1）
なにしに（何しに）						
なにとて（何とて）						5
なになに		1				
なにほど						1
なにもの（何者）				1（歌 :1）		4
なにやら（何やら）						1
なによう						
なん（何）			3			3
なんしゃく（何尺）						
なんと（何と）			6（ト :1）		1	35（歌 :1、ト :1）
なんとがな（何とがな）						
なんどき（何時）						
なんとして（何として）						6（歌 :1）
なんとした（何とした）			15（ト :1）	1（ト :1）		
なんの（何の）						
計	2	4	60	5	1	153

＊歌 : 和歌　＊ト : ト書き

＊疑問詞 : 文末が「疑問詞 + ぞ」で終わる例。

ぬ	べし	まい	ます	まらす	やる	らる	る	計
								17
			3(歌:1)					9
								1
								13
								30
								6
								6
	1(歌:1)	1						20
				1				8
			1		1			29
					3(ト:2)	2		24
								9
								22
								6
								4
					1	1	2	28
2(ト:1)					1	2	4	24
1			1				2	61
1								17
								3
		1	11		4		2	106
								5
7(ト:2)			1					23
								1
	2							4
								28
								1
								1
								45
								1
		2	2		2		1	184
								5
								1
1	1		1				1	50
			1				1	41
					1			4
12	4	4	21	1	13	5	13	837

〈表 10-2〉疑問詞と共起する「ぞ」

大蔵虎明本狂言	候	た	たい	給う	たり	ない	なんだ
疑問詞							
いかほど		1					
いかなる	1						
いかやう							
いかやうな（如何様な）							
いかやうなる（如何様なる）	8	2		1	1		
いずかた（いづかた）	1	2			1		
いずく（いづく）		1（ト:1）					
いつ（何時）		3					
た（誰）							
たれ（誰）	4	3					
どこ（何処）		2					
どこもと（何処元）		1					
どち		8（ト:1）					
どなた							
どの							
どれ		5	1				
なぜ		4（ト:2）					3(ト:1)
なに（何）	3	11（ト:1）	3				
なにが（何が）			1				
なにがし							
なにごと（何事）	5	3					
なにしに（何しに）		2					
なにとて（何とて）		5		3			
なになに							
なにほど		1					
なにもの（何者）		3					
なにやら（何やら）							
なにやう							
なん（何）	1	2					
なんしゃく（何尺）							
なんと（何と）	1	24			3		
なんとがな（何とがな）							
なんどき（何時）							
なんとして（何として）		14（歌:2）			1	1	1
なんとした（何とした）		2					
なんの（何の）				2			
計	24	99	5	6	6	1	4

*歌：和歌　*ト：ト書き

*疑問詞：文末が「疑問詞＋ぞ」で終わる例。

			助動詞		
は	単独	疑問助詞なし	けん	じや	計
	4	2（歌:1）		3	10
	9	2（ト:1）			12
		2（歌:1）			2
	6	3（歌:2）			10
		2		1	3
				1	1
		1			1
		4			4
					1
		1			5
					4
		2（ト:1）			7
					2
		6（歌:1）			7
		7（歌:1）			13
				1（ト:1）	1
1	1	8（歌:3）			12
		3			5
	1	4（ト:1）			6
	2	1			3
		1			1
	2				2
1	3	5			9
					1
					1
		5			5
1	2	19（ト:3）		2	33
	1	5（歌:1）			7
		1			2
		6			7
	3	20（ト:1）		2	28
		5（歌:1、ト:1）			5
		1			1
					1
					2
					2
					1
		4		3	10
	36（ト:1）	21（歌:3、ト:1）	1	3（ト:1）	70
		3			3
					2
					5
	2	11（歌:1、ト:1）			17
	2（ト:1）	10（歌:1）		2	16
		2			5
3	74	167	1	18	345

〈表 11〉疑問詞を含む疑問文

大蔵虎明本狂言	文中	文末				
疑問詞	か	か	やら	やらん	の	な
いかが		1				
いかに		1(ト:1)				
いかで						
いかなる		1				
いかやうな（如何様な）						
いかやうなる（如何様なる）						
いかやうなり（如何様なり）						
いかやうにも（如何に）						
いずく（いづく）		1				
いずかた（いづかた）	1	2		1		
いずれ（いづれ）		4				
いつ	3(歌:3)	1				1
いつも		2				
た（誰）	1					
たれ（誰）	1	5				
どうして						
どこ（何処）		2				
どこもと（何処元）			1			
どち		1				
どれ						
どの						
どんな						
なぜ						
なぞ		1(ト:1)				
など	1					
などやか						
なに（何）	2	3	1	3		
なにか（何か）		1				
なにがな（何がな）						1
なにごころなし（何心なし）				1		
なにごと（何事）		2		1		
なにしに（何しに）						
なにとも						
なにも（何も）		1				
なにもの（何者）				2		
なにもやら		2				
なによう					1(ト:1)	
なん（何）	2(歌:2)	1				
なんと（何と）	1	1	1	5		1
なんとがな（何とがな）						
なんぞ（何ぞ）		1		1(歌:1)		
なんど		3		1		1
なんとして（何として）		2	1(ト:1)			1
なんとした（何とした）		2				
なんの（何の）		2	1			
計	12	43	5	15	1	5

＊歌：和歌　＊ト：ト書き

＊疑問詞なし：文末に疑問助詞が使われていない例。

る疑問文である。これに対して（68）（69）（70）は、文末に「ぞ」が使われていない例であり、意味的には同じである。これは疑問詞が直接に文末を修飾するため、文末に「ぞ」が用いられなくても疑問文が成り立つものと思われる。また、「近松」でも、疑問詞の間接修飾を受ける例が七例見られる。また、文末に「ぞ」が使われていない例も六例見られる。

（71）恥かくばかりか梅川は何となれといふことぞ。（一七六-一二、冥途の飛脚）
（72）何を見込に此のやうに可愛いぞと。（二〇五-五、夕霧阿波鳴渡）
（73）泥のかゝらぬ物ならば何しに障つるといふ字の入るべきぞ。（四〇〇-一四、博多小女郎波枕）
（74）拙者は何を面目に。おめ〳〵と諸人に生顔が合はされん。（一二四-八、丹波與作待夜の小室節）
（75）詞七左衛門殿は何方へ定めて掛も寄りましょと。（四一七-一五、女殺油地獄）
（76）但し比叡山かどこへ行たらば逃れうと。（三九八-九、女殺油地獄）

（71）〜（76）は、疑問詞を含んだ句が文末を間接的に修飾する例である。（71）〜

(73)は、文末に「ぞ」が使われている例で、疑問詞が文末を間接に修飾するので、「ぞ」が使われていると思われる例である。また、(74)〜(76)は文末に「ぞ」は使われていないが、推量の助動詞が使われている。これは疑問詞が文末を間接に修飾するので、推量の助動詞が使われたのではなかろうか。これも疑問詞の間接修飾を受ける「ぞ」が疑問の用法として使われているのを裏付ける例にあたると考えられる。

以上の「近松」の例を〈表12〉、〈表13〉に示す。

2 結論

以上、疑問詞と共起する「ぞ」について、室町時代末期から江戸時代初期の文献を中心に探ってみた。先行研究によれば、文末の「ぞ」が疑問詞と共起する場合は、疑問文の標と見なされて扱われてきた。しかし、これは、疑問詞が直接文末を修飾する場合であり、疑問詞を含んだ句の連体修飾や連用修飾をうける文末に「ぞ」が使われる場合は、疑問の意を表すのに用いられることが明らかになった。

注

(28) 土井忠生訳註 ロドリゲス『日本大文典』三省堂、一九五五年三月

き	ござる / ござんす	候	た	たり	ない	ぬ	べし	やる	る	計
										2
										8
										1
										1
										1
				1			1			4
1							1	1		4
		1								4
	1									9
	2（ござんす :2)									15
										1
										7
										1
	1									2
					1	1				5
									1	11
										3
							1			2
										1
			1							1
										10
										4
										3
										1
	1					1				4
										1
										8
								1		1
										1
1	5	1	1	1	1	2	3	2	1	116

〈表 12〉疑問詞と共起する「ぞ」

近松浄瑠璃集	名詞	形容詞	助詞	動詞	疑問詞	助動詞
疑問詞						む（う、ん）
いかが（如何）					2	
いかなる	7（地 :1）	1				
いかほど					1	
いくばく					1	
いずかた（いづかた）				1		
いずく（いづく）	1				1	
いつ（何時）					1	
た（誰）				2		1
たれ（誰）	5（歌 :1）				2	1
どう	1			1	10	1
どうして						1
どこ（何処）	1		5			1
どの						1
どれ			1			
なぜ		3				
なに（何）	1	1		6		2
なにごと（何事）					3	
なにしに（何しに）						1
なにゆえ（何故）					1	
なによう（何用）						
なん（何）					9	1
なんと（何と）	2		1	1		
なんどき（何時）					3（歌 :1）	
なんとした（何とした）					1	
なんとして（何として）	2					
なんねん（何年）	1					
なんの（何の）	5					3
なんぼ						
なんまんにん（何万人）					1	
計	25	6	6	11	36	13

＊地 : 地の文　＊歌 : 和歌
＊疑問詞 : 文末が「疑問詞 + ぞ」で終わる例。

		助動詞					
単独	疑問助詞なし	む（う、ん）	らむ	べき	じや	流れ	計
6（地 :1）	2	7（地 :1）					15
1	2（地 :1）						4
	1		1			2	7
2	1	1					4
							1
3（地 :1）							3
1	3						4
1	1	1					3
							1
	2						5
	14（地 :2、歌 :2）	1			9		29
3	9	7			10		42
1							3
	1						3
4	22（歌 :1）	1			2		34
	1						1
1	4						5
1	4						5
2	25（歌 :1）					4(歌 :1)	32
4	27	14		1	1	3	58
1							1
4				2	1		10
	2			1			3
	1						1
2		1					3
	1				1		2
2					2		5
2	1						3
	5	8			12		25
							1
9（歌 :1、地 :1）	7	10			2	1	37
					2		2
2							2
	1						1
1							1
1	11	15				2	29
54	135	66	1	4	42	12	385

〈表 13〉疑問詞を含む疑問文

近松浄瑠璃集	文中		文末				
疑問詞	や	か	か	や	やら	やらん	かな
いかが（如何）							
いかな			1				
いかなる			1	1	1		
いかに（如何に）							
いくか（幾日）					1		
いくつ（幾つ）							
いずかた（いづかた）							
いずく（いづく）							
いずれ（いづれ）				1			
いつ（何時）		1	1		1(歌:1)		
たれ（誰）		1	4				
どう			9(地:3)		4		
どうして		1	1				
どうした					2		
どこ（何処）			3	1(歌:1)	1		
どちら							
どなた							
どれ							
なぜ					1		
なに（何）			5		3(地:1)		
なにか（何か）							
なにごと（何事）		1	1			1	
なにしに（何しに）							
なにとて（何とて）							
なにの（何の）							
なにほど							
なにもの（何者）					1		
なにゆえ（何故）							
なん（何）							
なんぞ（何ぞ）			1				
なんと（何と）	1		5			1	1
なんどき（何時）							
なんとした（何とした）							
なんとして（何として）							
なんねん（何年）							
なんの（何の）							
計	1	4	29	3	15	2	1

＊地：地の文　＊歌：和歌
＊疑問助詞なし：文末に疑問助詞が使われていない例。
＊流れ：述語が省略されたり、疑問詞を受ける用言が文が長いため、流れる場合。

(29) 室町時代語辞典編修委員会編 『時代別国語大辞典 室町時代編』 三省堂、一九八五-二〇〇一年一月

(30) 森脇茂秀 二〇〇一年 「希望の助詞「もがな」「がな」をめぐって(二)」 山口大学『山口国文』二四

これに関して森脇茂秀は次のように指摘している。

中世前期の「がな」は、副詞句と呼応し、「主体的希望表現」形式を担ったが、中世後期には「不定語」と「がな」が共起することで、文が終止せず、後に続く用法(「副詞辞用法」)が主用法となり、「不定語+がな」が副詞句化する。

森脇茂秀は「不定語」を使っているが、筆者が再定義した疑問詞の中に不定語という名称も含まれているため、本論稿ではこれを疑問詞に改めた。疑問詞の再定義については「第二章 本論稿の研究方法」を参照。

(31) 以下、用例の「原)」は「原刊本」の略称であり、「改)」は「第一次改修本」を、「重)」は「重刊改修本」の略称である。

(32) 李太氷 『訳註 捷解新語』 太學社、一九九七年、二六一頁

中世朝鮮語では「-과뎌 /gwadyə/」は希望を表す接続語尾として用いられるが、その後に「願う・頼む」等の希望を表す言葉が来る。また、「する」が来る場合もあるが、この場合には、前後の言葉の関係は見られず、単に希望を表すのである。

(33) これについて『時代別国語辞典 室町時代編』の「がな」の「参考」の項目に次のように述べられている。

【参考】命令表現に添えた終助詞「がな」は、「かし」の用法と共通したために、「さてわそこもとで御ざれかな」(捷解五)のように「がな」の清音形を生んだ。

(34) 土井忠生［ほか］『邦訳日葡辞書』岩波書店、一九八〇年、二九一頁

(35) 森脇茂秀　二〇〇一年「希望の助詞「もがな」「がな」をめぐって（二）」山口大学『山口国文』二四

(36) 『天正狂言本』の解釈は『天正狂言本全釈』を参考にした。

(37) 湯澤幸吉著『室町時代の言語研究』大岡山書店、一九二九年

(38) ここでは読みやすさを考えて筆者の判断で濁音を施した。『噺本大系　2』および『醒睡笑　本文編』には濁音は表示されていない。

(39) 岩波文庫の『醒睡笑　上』一二四頁には「この世に死別というのがなければよいのに。」と訳している。

(40) ここでは読みやすさを考えて筆者の判断で濁音を施した。『噺本大系　2』および『醒睡笑　本文編』には濁音は表示されていない。

(41) 森脇茂秀　二〇〇一年「希望の助詞「もがな」「がな」をめぐって（二）」山口大学『山口国文』二四

(42) 森脇茂秀　二〇〇〇年「希望の助詞「もがな」「がな」をめぐって（一）」別府大学『国語国学』四二

(43) 湯沢幸吉郎著『徳川時代言語の研究』風間書房、一九五五年一〇月

(44) 湯沢幸吉郎著『江戸言葉の研究』明治書院、一九五四年四月

(45) 森野崇　一九九二年「平安時代における終助詞『ぞ』の機能」『国語学』一六八号

(46) 朝鮮資料の『捷解新語』では「疑問詞＋か」の形式は見られるが、「ぞ」で文が終止する例は見られないため、ここでは取り上げないことにする。

(47) ここでは「反語」「詰問」も疑問文に扱うことにする。

疑問詞が不定の意味として使われている例もある。不定の意味として使われている例は、逆接助詞や不定の表現に呼応するものである。「伊曾保」では、会話文に二七例、地の文に一一例見られる。また、「ぞ」が「判断」「強意」の用法として使われている例も見られる。これは、会話文に三八例、地の文に四例見られる。副詞的用法や感動的用法として使われている例も少ないが、一二例見られる。

(48) 大野晋『係り結びの研究』岩波書店、一九九三年一月一二日

(49) 傍線の部分が(1)の例である。

(50) 疑問詞が不定として使われている例は、一七二例ある。これは、巻一から巻三までに九九例、巻四に七三例見られる。また、文末の「ぞ」が「判断」「強意」として使われている例も見られる。巻一から巻三までに四四例、巻四に六四例が見られる。副詞的用法や感動用法として使われている例は、三八例見られる。

(51) 『天正狂言本』では、「ぞ」が「判断」「強意」の用法として使われている例は、会話文に三例、和歌に四例が見られる。不定の意として使われている例は、会話文に一六例、和歌に五例がある。また、感動用法や副詞用法として使われている例は一六例見られる。

(52) 安楽庵策伝著　鈴木棠三校注『醒睡笑 上・下』岩波書店、一九八六年九月一七日
巻五「上戸」のところの漢文は、岩波文庫の『醒睡笑』を参考した。

(53) 『醒睡笑』の中で、「判断」「強意」の用法として使われている「ぞ」の例は、会話文に六四例、和歌に三例、地の文に八例見られる。また、疑問詞が不定の意として使われている例は、二〇七例ある。これは、会話文に一二三例、和歌に一六例、地の文に六八例が見られる。それから、副詞的用法や感動詞的用法として使われている例、六九例がある。

(54) 傍線部分が(28)の例である。

(55)『きのふはけふの物語』では、「ぞ」が「判断」「強意」の用法として使われている例が、二二例見られ、会話文に集中的に見られる。疑問文以外に、疑問詞が使われている例が三一例見られるが、これは逆接か否定表現に呼応して疑問の意ではなくて不定の意味として使われている例である。三二例の中、会話文に二二例、和歌に一例、地の文に六例が見られる。また、感動用法や副詞用法として使われている例も一八例見られる。

(56) 疑問詞と共起する「ぞ」の例以外に「断定」「強意」の意味として使われている例も四二五例がある。これについては、研究の対象ではないため、取り上げないことにする。全四二五例の中、会話文に三七一例、和歌に一七例、ト書きに三七例があり、会話文に集中的に見られるのが分かる。また、「強意」の場合、「う・うず」の後に集中的に使われている例が多く見られる。

(57) ここでは、疑問詞が不定の意か疑問の意かに関係なく、疑問文であれば全て疑問文の例として認めることにする。

(58) 不定の意として使われている疑問詞は、ほとんどが逆接の助詞や否定表現に呼応するものである。六六〇例の中、会話文に五八四例、歌に三二例、ト書きに四四例が見られる。他にも疑問詞が使われている文が二九七例あるが、これは、疑問詞が疑問の意か不定の意に使われているものではなくて副詞や感動詞として使われている例である。例をあげると次のようなものである。

(＊)(孫一)いかにおうぢご、孫共がおもてへまいつた、でさせられい　(一〇七-一六、脇狂言之類)

(＊)(仲人)さらば某おもしろひ事をいはふ、わごりよもいづれ、えんにつかひではかなふまひ所で、あれよりよひ所へゆけは身どもまで満足するが、…　(二三五-三、女狂言之類)

(59) 外山映次　一九五七年「質問表現に文末助詞ゾについて―近世初期京阪語を資料として―」武蔵野書院刊行『国語学』三一号

『近松浄瑠璃集』では、「疑問詞＋ぢゃ」「疑問詞…ぢゃ」の文型の疑問文も多く見られる。これについて、外山映次は次のように指摘している。

十六世紀末から十七世紀へかけて、一般に第二類（第二類　指定断定「叙述」と相手へのもちかけ「陳述」の働きとを持つ。）のゾがヂャの進出のため消滅して行く傾向があって、質問表現の内部へも、やや遅れてこの移行が滲透影響して、強固な疑問詞とゾとの呼応関係をまず「二類ゾ→ヂャ」という点で崩し始めたものと思われる。

また、「ぞ」の後に終助詞がくる「ぞや」「ぞい」「ぞいの」などの形で見られるが、これは江戸語の一つの特徴である。

中野伸彦「江戸語における終助詞の相互承接」『近代語研究　第十集』武蔵書院、一九九九年、一八九頁

(60)「ぞ」が「判断」「強意」の意として使われている例は、二二九例が見られる。二二九例の中、会話文に二〇七例、和歌に九例、地の文に一三例がある。また、疑問文以外に疑問詞が使われている例が三六七例あるが、これは逆接や否定表現と呼応して疑問の意ではなく不定の意として使われている例である。三六七例の中、会話文に三〇三例、和歌に三例、地の文に六一例が見られる。また、感動用法や副詞用法として使われている例も一一八例がある。

第二章　他の品詞から転成した終助詞

第一節　「やらん（う）」「やら」

「やらん」は「にやあらむ」が転じたもので、鎌倉時代に「やらん」の形で使い始められたものである。これが一語の助詞のように使われるようになったのは、鎌倉時代以後のことと考えられる。この「やらん」が固定化して盛んに使われたのは、室町時代である。また、室町時代末期には「やら」が成立していたが、「やらん」「やらう」も並存して使われた。用法上は、「やらん」が文末にくると終助詞になるが、文中にくる場合は上に対しては終助詞、下に対しては副助詞として二つの役目を兼ねる用法を備えていた。

本章では、「やらん」「やらう」それから「やら」の三つの形が併用されていた室町時代末期を中心に検討してみたい。

1　用例の調査と検討

本節では、「キリシタン資料」「朝鮮資料」および「日本資料」について「やらん（う）」「やら」の用法を検討する。

(1)　キリシタン資料

『天草版伊曾保物語』・『天草版平家物語』

「伊曾保」では、「やら」の用例が二例見られる。

（1）「魚が多う入ったやら、はや先へ行くことが叶はぬが何と」と問うた。（四六六－一八）

（2）この獅子年が寄って、やうやく行歩も叶はぬに及うで、弱目の霊気とやらに、猪を始め、山牛その外驢馬までも、この獅子を踏んづ蹴つするによって、（五〇〇－一二）

（1）は、会話文の例である。【魚が多う入ったやら】は挿入句[61]で、「やら」が文末に使われているので、終助詞として用いられていると言えるだろう。（2）は、地の文の例で「やら」が文中に使われている。これは「とやら」の形で、名詞の後にきて体言句を作っている例で、ここでの「とやら」は「名詞＋とやら」の形で副助詞として用いられている。この用法は、前の名詞に対する情報をあいまいにする時に使われるもので、朧化表現[62]の一つの例と思われる。

「平家」では、巻一から巻三までに「やら」は五例が見られる。また、巻四では八例が見られる。

（3）目にかけた敵をただ今討たいで南都へ入れまらしたならば、吉野十津川とやらの者どもが参ってただ今も大勢になったならば、　（一二九-一六、巻二）

（4）つひには左右の深田へうち入れて、馬を泳がするやら、歩ますやらで、をめいて押し寄せ、　（二一三-二一、巻三）

（5）あるとき北の方信俊を召して、あはれこれには備前の児島にと聞こえたが、このほど聞けば、有木の別所とやらんにござるといふ　（六一-二〇、巻一）

（6）さても去んぬる寿永の秋の始め、木曾とやらいふ者に都を攻め落され、はるばるの波の上に漂うて、宝山、水島とやらの軍に勝って、人々すこし色をなほされたに、
（四〇〇-一三、巻四）

（3）～（5）は巻三までに見られる例である。（3）は名詞の後に「とやら」の形で使われて、前の名詞と一つのまとまりになって新たな名詞を構成しているので、これは「名詞＋とやら」の形で副助詞としての用法である。また、（5）は【有木の別所とやらん】が体言句をなしているので、体言句の中で「とやらん」が終助詞として使われているとも言える例であろう。しかし、「とやらん」は推量を含んだ疑問の意を表しているのではなくて、【有木の別所】をあいまいにするために使われているので、これも「名詞＋とやらん」の形で副助詞として用いられた例と言えるだろう。（4）は「…やら…やら」の形で並立助詞として使われている例である。（6）は巻四の例で、「とやら」が二つ使われている。【木曾とやらいふ者】の「とやら」は「と」が後の「いふ」にかかるので、不定の意の副助詞である。また、【宝山、水島とやら】の「とやら」は（3）（5）と同じく、副助詞の用法として使われている。

(2) 朝鮮資料

『捷解新語』

『捷解新語』には、「やらん（う）」の例は見られず、「やら」の例もわずかである。「原刊本」には、一五例が見られる。この中、副助詞の「やら」は九例見られる。

（7）なンとやらくるといなや（一27ウ）

（8）なンしてやらにほんものわゆくしきのやうなものおくいまるせんほどに（三8ウ）

（9）こッちのこころさしがとどいたやらこういわしらるほどに（八15オ）

（7）～（9）は副助詞の例である。（7）[63]は疑問詞「何」の後に使われて、不定の意を表す。（8）（9）は「やら」の前の【なンして】【こッちのこころさしがとどいた】が後の文にかかるので、副助詞として使われている例である。

終助詞として使われている「やら」は、六例が見られる。文末に三例、挿入句の中に三例が見られる。

(10) またそさがたゑわいかがおほしあるやら　こころにかかるほどに　（一5オ）
(11) きまるしたほどに、そうあるやら さけもみがこころおあうして　（三17オ）
(12) そうあらば御しんッつおあすにもしまうやら 御たいめんのひいちどによからうやら　（七19オ）

(10) は「やら」が疑問の意として、文末に使われているので、終助詞として扱うべきである。(11) は挿入句の中に使われている例で、これも文末に使われているので、終助詞と見るべきものである。並立助詞の例は (12) の例しか見られない。
また、「改修本」には、「やら」が八例見られる。

(13) なにといたされたやらちやくみぎりより　（一41ウ）
(14) いかやうにして御かゑりなされましたやらしかとぞんじませいて　（九10ウ）

(13) は副助詞として使われている「やら」で、五例が見られる。(14) は挿入句の中に用いられている「やら」で、終助詞として使われた例である。終助詞の「やら」は、三例が見られる。

「重刊本」では、八例が見られる。

(15) なにとしてやらにくしきのやうなものお　くいまッせんほとに、そう御ざるやらもとひさしう　(三11オ)

(16) あまり御しいなさるるゆゑそうあるやら　いかうよいましたれども　(三23オ)

(15) は副助詞として使われている「やら」で、五例が見られる。(16) は挿入句の例で、「やら」が終助詞として使われている。終助詞の例は、三例が見られる。挿入句の「やら」は、三本とも「そうあるやら」の形で多く用いられる。

(3) 日本資料

『天正狂言本』・『醒睡笑』

『天正狂言本』には、会話文に一例、和歌に三例が見られる。

(17) 上の山には鳥が住やらふ　(二五六-二、なるこ)

(18)　たゞ今こゝにて合申、ざい所はいづくの人やらん　(三一一-六、ござざとう)

(17)は「やらう」の和歌の例である。「やらう」の例は二例見られるが、全て終助詞として使われている。(18)は「やらん」の会話文の例である。「やらん」の例も二例見られるが、「やらう」と同じく終助詞として使われている例である。『天正狂言本』は四例しか見られないが、その中、三例が和歌に見られる。

『醒睡笑』には、四一例が見られる。また、文末に「にや」が使われているのは、会話文に一四例、地の文に五例見られる。

(19)　沖中でそこねたとの縁にや。　(五-一一、巻一、謂被謂物の由来)

(20)　此頃は地獄の釜のふたもあき罪人精霊となりくるなると聞がさやうの者にやといひあへるに　(一二〇-六、巻四、聞こえた批判)

(19)は「にや」が会話文に用いられた例で、(20)は地の文の例である。『醒睡笑』は他の資料に比べて「にや」[64]の例が多く見られる。ここでの「にや」は、係助詞「や」の例で、断定せずにやわらげて言う時に使われる例である。

また、副助詞として使われている例は、「やら」に四例、「やらん」に四例が見られる。

(21) 誰か扶持人やら知らぬにけがをするなと　(一九三-五、巻五、人はそだち)

(22) 誰人の取はづしてやらん麁忽の音しけり夜もあけは児も帰らんとこそ思ひし　(二〇七-一〇、巻六、児の噂)

「やら」の副助詞の例は、会話文に三例、地の文に一例が見られる。(21)は会話文の例が「知らぬ」にかかるので、副助詞の例である。(22)は「やらん」の地の文の例で、副助詞の例は全て地の文に見られる。これも「誰人の取はづして」が後にかかるので副助詞の例である。

終助詞として使われている例は、「やら」に四例、「やらう」に一例、「やらん」に二八例が見られる。

(23) 釜とふたとの間に、何やらん見ゆる物あり。ふたをとりたれば蛸也　(一〇六-一一、巻三、自堕落)

(24) いかにも、ちとつゝくれらるゝ。多くくふたらば、喉にろができうかと思ふてやら

(二三五‐一、巻六、推はちがうた)

(25) 人たはぶれに「ところほるやらう」と云懸ければ

(三〇七‐一〇、巻八、平家・かすり)

(26) 京の町をとほれば、見る人、あなおそろしげにやらん。此頃は地獄の釜のふたもあき、罪人精霊となりくるなると聞

(一二〇‐五、巻四、聞こえた批判)

(27) 同いづれの年の始にやらん

(二九九‐五、巻八、頓作)

(23)は疑問詞「何」の後に「やらん」がきて一つのまとまりとして使われている例である。これは挿入句[65]の末尾に用いられているので、「やらん」は終助詞と見ることができる例である。他に「何とやら」「何とやらん」は七例見られる。これらは本来挿入句であったものが、一つのまとまりを作って次第に副助詞として使われるようになったものであろう。(24)は会話文の例で、「やら」が文末に終助詞として使われている。(25)の「やらう」の例は、この一例しか見られないが、終助詞として使われている例である。また、「やらん」は会話文に一三例、和歌に三例、地の文に一二例が見られる。(26)は【げにやらん】が挿入句の末尾に終助詞として使われている例であり、

〈表 1〉

醒睡笑	やらん（やらむ）		やらう	やら		計
	やらん（やらむ）	とやらん	やらう	やら	とやら	
何	5（地）	2（会）			1（地）	8
副助詞	4（地）			3（会）		7
終助詞①	6（会:2、歌:1、地:3）			3（会）		9
終助詞②	15（会:8、歌:2、地:5）		1（会）	1（会）		17
計	30	2	1	7	1	41

＊会：会話文、歌：和歌、ト：ト書き
＊何：一般的に何の後に使われる「やら」「やらん」を連語として扱っているので、ここでも区別することにする。
＊終助詞①：挿入句の例
＊終助詞②：文末に使われている例。＊感動詞として使われる例と「にや」の例とは表から除外する。

（27）も同じく終助詞の例である。
以上の『醒睡笑』の例を〈表1〉に示す。

『きのふはけふの物語』

『きのふはけふの物語』では、会話文に六例、和歌に一例が見られる。

（28）「いや〱、まだ子山伏が出るやら、奥に法螺貝の音がするぞ。だまれ〱」。（六九-一〇）

（29）むかし、近衛殿を、何のしさいやらん、秀吉公の御時薩摩の坊津へ御ながしなさるゝ。（五三-一）

（30）「さて〱、その類火にあひたや。火元はいづくやらん」と申された。（六〇-七）

（28）は会話文の「やら」の例である。これは挿入句の例で、「やら」が終助詞として使われている例である。「やら」はこの一例しか見られない。（29）（30）は「やらん」の会話文の例である。（29）は挿入句の例、（30）は文末に「やらん」が使われているので、ともに終助詞の例である。

『大蔵虎明本狂言』

「虎明本」では、一四七例見られる。一四七例の中、一例が「にや」で一四六例が「やらん（う）」「やら」に関する例である。

（31）こうたでな〳〵ともし火きえてくらふて、いと物すごきおりふしに、君きたらにや○とうたはれた、（二ー三ー一七、女狂言之類）

（32）（男二）たしかに何やら仰られた、かくさずにおしやれ（三ー一ー一五、脇狂言之類）

（33）《いさかひて、せんどのぢざうこうに、さこと何やらん、めを引、さゝやきした、べち成事ではあるまひなどゝ云て、ばうをとり、ちやうちやくせうとする

を、うちたおひて、女をおひ入なり》　（二〇七-八、女狂言之類）

（34）（男）…今夜は何とやらんおそろしひ心がいできた、（四〇-一七、集狂言之類）

（31）は和歌の例である。これは係助詞「や」の例で、結びの「あらむ」が省略された形である。（32）～（34）[66]は、「何」の後に「やら」「やらん」「とやらん」がきた例で、これらは一般的に連語[67]として扱われているものである。このような例は「虎明本」の中で、会話文に三三例、ト書きに二例が見られる。（32）は会話文の例で、不定の意で副助詞として使われたものである。（33）はト書きの例、（34）は会話文の例で二つとも挿入句であり、ここでの「やらん」も終助詞として用いられたものである。この「何」と一体化したものは、本来挿入句であったのが、一つのまとまりを作って次第に副助詞化していったものである。

「やらん（う）」は会話文に一五例、和歌に一一例見られる。

（35）（兄）…某のおめをかけらるゝ先達の御座有程に、それへ参り、談合仕っていのり加持してもらはばやと存候、内に御ざ有がぞんぜぬが、うけ給れば、「べち行をなさるゝとやらん」申ほどに、…

（四一九-八、聟類・山伏類）

(35)は会話文の副助詞の例である。

次は「虎明本」の「やらん(う)」の終助詞の例を検討してみよう。ここでは二二例見られる。会話文に一二例、和歌に一〇例が見られるが、地の文とト書きには一例も見られない。

(36)(亭主)此しゆくのわかひ衆が、何としてきかれたやらん、おちごさまのおやどをとらせられたと申ほどに、さかづきをたべたひと皆々参られてござる　(一三七-六、脇狂言之類)

(37)…其時かんせうじやうは右の大臣とやらんなれば、かんせうじやうをながし候へとてながし申されければ、…　(二二一-七、女狂言之類)

(38)(奏者)〽丹波の国のお百性の名をば何といふやらん　(五四-七、脇狂言之類)

(39)(通行人)伊勢の国のことやらん　(一六八-五、女狂言之類)

(36)(37)は会話文の例である。(36)は【何としてきかれたやらん】が挿入句であるので、ここでの「やらん」は終助詞として働いていると思われる例である。(37)は

【右の大臣とやらん】が体言句を構成して文の中に使われているので、形の上では終助詞とも言える例であるが、名詞の後に置かれてそれをあいまいにする意に使われているので、ここでの「とやらん」は「名詞＋やらん」の形で、副助詞の用法として見るべきである。また、(38)(39)は「やらん」が文末に使われている例で、典型的な終助詞の例である。「虎明本」の「やらん」の終助詞の例はト書きと地の文には一例も見られない。

以上のように、「やらん」は形だけではなくて、機能の面にも変化があったと見るべきであろう。

「虎明本」の「やらん」は、会話文に七九例、和歌に一例、ト書きに五例が見られる。

(40)（妻）〽わが恋は、とぎようずやらう、するとぎようやらう、あがれ〳〵あがあが、あがらしめなふいしがみ　（二三六-九、女狂言之類）

(40)は和歌に並立助詞として用いられた例である。ここも「平家」と同じく「…やら…やら」の過渡期の形の「…やらう…やらう」で使われている。

また、副助詞として使われている例は、会話文に二二例、ト書きに三例が見られる。

終助詞として使われている例は、会話文に一三例、ト書きに一例が見られる。

(41)（太郎冠者）どこへやらまいれと仰られた　（五四-五、鬼類・小名類）

(42)（大名）やれ〳〵いつのまにやら、国々を打過て、はや駿河の国へきたな　（一六一-八、大名狂言類）

(41)(42)も会話文の例である。(41)は副助詞として使われている例で、(42)は挿入句であるので、終助詞として使われている例である。

「やら」が文末に使われている例は、一例見られる。

(43)（売り手）…その恩賞に、かくれみのかくれ笠、うちでのこづちを引出物にとつてわせた、久しい事じやによつて、隠蓑かくれ笠はどちへどうなつたやら　（八六-一二、脇狂言之類）

「虎明本」では「名詞＋とやら」の形で、副助詞として使われている例は見られない。

〈表 2〉

大蔵虎明本狂言	やらん（やらむ）		やらう	やら		計
	やらん（やらむ）	とやらん	やらう	やら	とやら	
何	1（ト）	4（会）		22（会 :1、ト :1）	8（会）	35
副助詞	2（会）			22（会 :19、ト :3）	3（会）	27
並立助詞			1（歌（やらう～やらう））	4（会 :3 歌 :1（やら～やらう））		5
終助詞①	7（会）			14（会 :13、ト書き :1）		21
終助詞②	14（会 :5、歌 :9）		1（歌）	1（会）		16
計	24	4	2	63	11	104

＊会 : 会話文、歌 : 和歌、ト : ト書き
＊何 : 一般的に何の後に使われる「やら」「やらん」を連語として扱っているので、ここでも区別することにする。
＊終助詞① : 挿入句の例
＊終助詞② : 文末に使われている例。＊感動詞として使われる例と「にや」の例とは表から除外する。

以上の「虎明本」の例を〈表2〉に示す。

『近松浄瑠璃集』

「近松」では、一一六例が見られる。「にや」の例は一例も見られない。「何」の後にきて一つのまとまりとして使われている例は二例見られる。

(44) 徳様は何やら訳の悪いこと有って。地たんとぶたれさんしたと聞いたがほんかといふも有り。

(二八-五、曾根崎心中)

(45) 何やらいひたいことどもが胸

にはあれど口へ出ぬ。　（三一五‐一六、山崎與次兵衛壽の門松）

（44）（45）は会話文の例で、副助詞の例である。

並立助詞として使われている例は、会話文に一七例、地の文に三例が見られる。また。「名詞＋とやら／とやらん」の形で副助詞として使われている例は、会話文に一九例、地の文に二例が見られる。

（46）嬉しいやら悲しいやらフシ一倍いとしさ増すものを。悪い病がつきましたそりや雲介の身持ちぞや。　（一〇八‐一〇、丹波與作待夜の小室節）

（47）詞彦九郎横手を打って。ム、是は珍事を聞くものかな。その源右衛門とやらん音には聞けど面は見ず　（五四‐一四、堀川波鼓）

（48）在所とやら伊丹とやらへ行かんす筈とも聞及ぶ。（三五八‐三、心中天の網島）

（46）～（48）は会話文の例で、（46）は並立助詞として使われている例である。（47）は【その源右衛門とやらん】が体言句を作っているので、「…とやら」が終助詞に見られるが、不定の意ではなくて前の名詞をあいまいにする意として使われているので、

「名詞＋とやらん」の形の副助詞の例と見るべきである。また、(47)も(48)と同じく副助詞として使われている例である。しかし、(47)は「…とやらん」の形で「…とやら」の過渡的な姿を示す例と思われる。(48)は「…とやら…とやら」の形で、並立して使われているが、前の名詞に対する情報をあいまいにする意がつよいので、ここでは並立助詞とまでは言えないだろう。

副助詞として使われている例は、会話文に三〇例、地の文に三例見られる。また、終助詞として使われている例は、会話文に二八例、和歌に一例、地の文に六例が見られる。

(49) 詞三吉が預けし守袋。いかなる神の御札やら私が懐にも太神宮の守お祓。汚すは後生の障なり。（一一九-六、丹波與作待夜の小室節）

(50) 地今の間の物思ひま一度逢はせ下されと。いくらの願をかけたやら清十郎の清の字なれば。（一四四-一、五十年忌歌念佛）

(51) おばゞあれ合点のいかぬ地何者やらと。（二三七-六、大經師昔暦）

(52) フシ金色世界もかくやらん。（三二五-七、博多小女郎波枕）

〈表 3〉

近松浄瑠璃集	やらん（やらむ）		やらう	やら		計
	やらん（やらむ）	とやらん	やらう	やら	とやら	
何				2（会）		2
副助詞				32（会 :29、地 :3）	1（会）	33
並立助詞				20（会 :17、地 :3）		20
体言句をなす副助詞		2（会）			21（会 :19（6:並）、地 :2（並））	23
終助詞①				29（会 :25、歌 :1、地 :3）		29
終助詞②	5（会 :2、地 :3）		1（会）	3（会）		9
計	5	2	1	86	22	116

＊会 : 会話文、歌 : 和歌、ト : ト書き
＊並 :「～とやら～とやら」の形で並立助詞のように使われている例。
＊何 : 一般的に何の後に使われる「やら」「やらん」を連語として扱っているので、ここでも区別することにする。
＊体言句をなす副助詞 :「名詞＋とやら／とやらん」の形で副助詞として使われている例である。
＊終助詞① : 挿入句の例
＊終助詞② : 文末に使われている例。

（49）～（51）は会話文の例で、（52）は地の文の例である。（49）は「やら」が後の文にかかるので、副助詞の例である。（50）～（52）は終助詞として使われている例である。（50）は【いくらの願をかけたやら】が挿入句であるので、ここでの「やら」は終助詞と思われる。（51）は「やら」が文末に使われている例で、（52）は「やらん」が文末に使われている例である。また、「近松」では一例であるが、「やらう」

が文末に使われている例も見られる。
以上の「近松」の例を〈表3〉に示す。

2　結論

以上、室町時代末期から江戸時代初期まで「やらん（う）」および「やら」について探ってみた。先学の指摘するとおり、当時は「やらん（う）」と「やら」が並用されているが、用法には変化が見られる。「やらん」の場合、依然として終助詞として使われている例は見られるが、文末ではなくて挿入句を作って終助詞として使われている例が多く見られる。また、「何とやらん」「何やらん」という一つのまとまりで終助詞として使われている例もあり、文中に使われて副助詞として見られる例も見られる。「やら」は副助詞の用法の他、わずかであるが、文末に使われている例や、挿入句の中での終助詞の例も見られる。一方、並立助詞の例や、「やら」は「名詞＋とやら」の形で、体言句を作って副助詞として使われている例も見られる。

以上、室町時代末期から江戸時代初期までは、「やらん（う）」と「やら」が並用され、その用法も広がっていたことが明らかになった。

第二節　「かしらぬ（ん）」

「かしらぬ（ん）」は動詞「知る」に打消の助動詞「ず」の連体形の「ぬ」のついた「知らぬ」が、終助詞に転じた語である。これが終助詞的機能を果たすようになったのは、室町時代の頃からと推定される。これは文末で「かしらぬ」「ぞしらぬ」「ぢゃしらぬ」および、「か」「ぞ」のない「しらぬ」の形で文末に使われる。また、「虎明本」では「知る」の代わりに謙譲語の「存ずる」が使われる例も見られる。一方、疑問詞「何」の後に使われた「何かしらん」の形で文中に使われている例も見られるが、それはわずかで文末に使われる場合が普通である。「かしらぬ」から変化した「かしらん」の形で使われ始めたのは、江戸時代の頃からである。これらは相手に直接質問するのではなく、自分が知らないということを表すところに中心があり、相手が答えられないことを聞いたり、話し手限りの発話で、疑いを表したりするのに使われている。なお、文中に使われる「何かしらん」は不定の意として使われる。自問の意として使われる「かしらん」は江戸時代以降になると、「かしら」の形で使われるようになり、これが現代語へ引き継がれる。[68]

本節では、「かしらぬ（ん）」の形で用いられる例を室町時代末期から江戸時代初期を中心に検討したい。(69)

1　用例の調査と検討

本節では、「キリシタン資料」「朝鮮資料」および「日本資料」について「かしらぬ（ん）」について検討する。

(1)　キリシタン資料・朝鮮資料

『天草版平家物語』

キリシタン資料と朝鮮資料を対象にする。朝鮮資料の『捷解新語』とキリシタン資料の「伊曾保」では「かしらぬ（ん）」の用例は一例も見られない。しかし、「平家」では、「知る」「存ずる」の否定形は五例見られ、文中に四例、文末に一例が使われている。

（1）　また法皇も押し籠められさせられてござれば、何とあらうか、知らねども、うかがうて見うと言うて、（一四六-一九、巻二）

（２）悪党が多う籠ってゐたれば、何たる者のしわざか存ぜぬなどと種々様々のことを語られた。

（二九四－二、巻四）

（１）（２）の例は形態的な面では、疑問助詞「か」と共起するもののように見られる。しかし、（１）はローマ字本文では疑問助詞「か」の後にカンマがあり、これは「何と」にかかるもので、後の「知らねども」との間に切れ目があると見られる例であり、「知る」の原義が生きている例と考えることができる。また、（２）は引用文で「…か存ぜぬ」を文末に用いたものである。しかし、謙譲語の「存ずる」が使われている点に注目しただけでも助詞化されていないことは明確であり、「存ずる」の後に接続助詞も使われているので前の事実に対して「わからない」という原義がいきていると思われる。「かしらぬ（ん）」の後に接続助詞がくる例について『日本国語大辞典』[70]の補注に次のように指摘されている。

接続助詞「が」を伴うなどして文中に用いられることもあるが、その場合は「知らぬ」の原義をとどめており、「知らない」の形も見られる。

(2) 日本資料[71]

『醒睡笑』

『醒睡笑』では三例が見られる。

（3）此念仏はちと長いよ、融通念仏か知らぬと　（九六-一九、巻三、不文字）

（4）いやにはあれと、去ながら今一季あざらふか知らぬ　（一四七-五、巻四、そでない合点）

（5）いや嫌に候とて立ぬ、そこもとありき麦飯とは何ぞ知らぬと語る　（九七-一二、巻三、不文字）

（3）（4）は会話文で「…か知らぬ」の形で用いられている。この二例は独白で内心の疑いを表す例である。[72]（5）も会話文の例で「疑問詞＋ぞ知らぬ」の形で使われているものである。これも独白で内心の疑いの意として使われている。

また、『醒睡笑』では文中の例も見られる。

（6）そち躰さへ知りたるいせゑびを我か知らいでおつかふかこれは朱のさしやうのめづらしさに見るよと雄長老
（七七-二〇、巻二、賢たて）

（7）誰か扶持人やら知らぬにけがをするなと
（一九三-五、巻五、人はそだち）

文中に使われている例は「…か知らぬ」で一例、「…やら知らぬ」で二例が見られる。しかし、三例は「しる」の原義が生きているもので「…かしらぬ」の例ではない。

『大蔵虎明本狂言』

「虎明本」では、「かしらぬ」の用例は二五例見られる。その中、「…かしらぬ」の形の用例が半分以上で一六例が見られる。

（8）《…是をたべてくたびれをなをさふ、あたりに人がなひかしらぬ、いや人はなひ、…》
（四一六-七、聟類・山伏類）

（9）…此弓をもつてまいつたらば、何成共いてこふとおもふが、あたらふかしらぬ
（二六三-四、大名狂言類）

（10）《川へはまり、両のそでをしぼり、何もおとさぬかしらぬよと云て》

(11)（金津の者一）みれば、お地蔵のおゆるぎやるかとみゆるが、こちがさけによ
うたに依て、めがちろめくかしらぬな（三三一‐一三、出家座頭類）

(12)（婿）只今某が田へ水を入て参つたが、其まゝ有がしらぬよ（三五九‐一二、出家座頭類）

(13)（大名）身どもは馬をもたぬほどに、ねずみがなどとらへて、ふせおこしをさ
せう事かしらず（三五八‐一二、聟類・山伏類）

（一八九‐一、大名狂言類）

(8)は卜書きの例で、一六例の中、二例しか見られない。この例は、「…かしらぬ」の形で自分自身に問いかける内心の疑いを表しているものである。単独で文末に「…かしらぬ」を用いた例は(8)(9)を含めて一四例が見られる。(10)だけが「疑問詞…かしらぬ」の形で使われている例である。また、(10)(11)は「かしらぬ」の後に終助詞「よ」と「な」のついた例である。終助詞「よ」のついた例は(11)を含んで五例が見られる。また、終助詞「な」のついた例は(11)しか見られない。(12)は「かしらぬ」の「か」に濁音の表記されている例である。これについて「虎明本」に次のような頭注がある。

そのままの状態で有るだろうか。「が」の濁点はおそらく衍。

これは頭注の通りに不審な気持ちを自分に問いかけているので、「かしらぬ」の意を表す例と思われる。(13)は「…かしらず」の形で使われている例はこの一例しか見られない。

また、「…かぞんぜぬ」も多くないが、三例見られる。

(14)…そのまゝまひらふ所で、はぢをかかふ、内に御ざらふかぞんぜぬ、参る程に是でござる、もの申　(三三一-一四、聟類・山伏類)

(15)(聟)是からすぐにまいつて談合いたさう、内におじやらふかぞんぜぬよ、もの申　(三八一-三、聟類・山伏類)

(16)…某におめをかけらるゝ先達の御座有程に、それへ参り、談合仕つていのり加持してもらばやと存候、内に御ざ有かぞんぜぬが、うけ給れば、…　(四一九-七、聟類・山伏類)

(14)(15)は同じ場面で使われたもので、「知る」に代わって謙譲語の「存ずる」が用いられた例である。謙譲語が使われているのは、「知る」の動詞性が強いということを表していると思われる例である。また、(16)は「…か存ぜぬ」の文中の例で、文末の例には入らないが、先に述べたようにこれも「存ぜぬ」の後に接続助詞がきているので、まだ助詞化されずに動詞性の強いことを表している例と思われる。

「…ぞしらぬ」は六例が見られる。

(17)(有徳人)やらきどくや、おもてががためくが、何事ぞしらぬ、いやこれは何ものぞ　(四五-一三、集狂言之類)

(18)…わらわがかほをあいつにまぶらせうと思ふて、みよ〳〵といふな、なふはらたちや、あのおとこをなんとせうぞしらぬよ　(一八二-八、女狂言之類)

(17)は会話文の例で「…ぞしらぬ」はすべてが会話文で「疑問詞…ぞしらぬ」の形で使われている。これも内心の疑いの意を表すのに用いられている例である。(18)は「ぞしらぬ」の後に終助詞「よ」がついた例で(18)を含んで四例が見られる。

「虎明本」になって「かしらん」の前身の「かしらぬ」が見え始めるが、動詞性のつよい例も見られるので、まだこの時代には完全に助詞化されていないと思われる。[73]

『近松浄瑠璃集』

「近松」で「…か知らぬ」の形で一例、「疑問詞…か知らん」の形で一例が見られる。

(19) 竹箒持ってかゝるを喜左衛門色飛下り。強請者か知らぬ粗相をすな。
（一九三―一〇、夕霧阿波鳴渡）

(20) 誰ぞ拾たか知らんまで。どこぞ尋ねて来ませうか（三六九―一〇、心中天の網島）

(19)(20)は会話文の例で、話し手が一人で推量する場面に使われているものである。また、(20)は終助詞「まで」のついたものである。[74] これらは「虎明本」の用例と違って「しる」に漢字が当てられている。しかし、ここでは「知る」の原義が生きているのではなく、助詞化されて文末に終助詞として使われているので、これは「知る」の否定形に導かれた表記であると考えられる。これについて堀崎葉子は「江戸語の疑問表現体系について―終助詞カシラの原型を含む疑い表現を中心に―」[75]で次のように指摘している。

漢字が使用された例は、本来が「知る」の否定形であることから導かれた表記であると考えられ、現代語でカモシレナイを「かも知れない」と書くことがあるのと同様であると考えられよう。

「…か存ぜぬ」の例も見られるが、これは文中に使われているものである。さらに、接続助詞が後にきていて、動詞性の強いことを示す例で「存ずる」の原義が生きているものである。

(21) 文六下女ども駆付けて何事か存ぜねども。堪忍と縋付き箒をたくれば。（五一-五、堀川波鼓）

(22) これ母様いかやうの事か存ぜねども。詞にて御叱もあるべきに。（五一-八、堀川波鼓）

以上、室町時代末期から江戸時代初期までの「…かしらぬ（ん）」を探ってみた。次節では参考として『大蔵虎寛本狂言』を調べてみることにする。

『大蔵虎寛本狂言』

「虎寛本」は「虎明本」より一五〇年ほど後に成立した狂言である。この「虎寛本」では「かしらぬ（ん）」はどのように用いられているだろうか。

「虎寛本」では「虎明本」には見られない「か」も「ぞ」も伴わない「しらぬ」が一〇例見られる。一〇例の中、「疑問詞…しらぬ」が五例、「疑問詞＋しらぬ」が五例見られる。

(23) いつも此当りに乗物が有るが、けふは何として見へぬしらぬ。（三七-八、小名之類）

(24) 何とした知らぬ。（一〇四-六、小名之類）

(25) 人が笑らふが、何としたしらぬ。（二三一-一五、聟女之類）

(23)(24)(25)は独白の部分の例で、疑問詞「か」が脱落した例である。このような用法に関して松村明は『日本文法大辞典[76]』の「しらん」の項目において次のように指摘している。

上に疑問を表す語があるとき、「か」を伴わずに、活用語の終止形に、直接につ
いても用いられる。

ここに指摘するように、疑問詞と共起したことによって「か」が脱落したものと思われる。一方、「しらぬ」の例では「か」が用いられている例も二例見られる。

（＊）扨太郎くはじやは何とした（か）しらぬ。（二九〇-二、大名之類）
（＊）頼うだ人は何と被成た（か）しらぬ。（四二五-七、鬼山伏之類）

これについて佐々木峻は「大蔵流狂言詞章の文末表現―「…か知らぬ。」「…ぢゃ知らぬ。」等の言い方について」[77]で次のように指摘している。

岩波文庫の本文では、二例には、「[か]知らぬ」と、「か」を補ってある。「か」の誤説と見たのであろうか。しかし、一二例も存することからすれば、むしろ積極的に「知らぬ」形の存在したことを認めてよいのではあるまいか。

しかし、右の例では「知らぬ」が「疑問詞」と共起して「かしらぬ」と同じ内心の疑いの意として使われており、「疑問詞…しらぬ」でも「かしらぬ」の形でも成り立ち得る例であるので、ここでは保留にしておくことにする。なお、(24)のように「知る」の否定形に導かれて漢字表記されている例は三例見られる。

また、「虎明本」では見られない「…ぢやしらぬ」が五七例見られる。しかし、「…ぞしらぬ」の例は見られない。これに対応する本文がある場合は、「虎明本」とともに示す。

(26) 扨も〳〵おびたゞしい事かな。扨一の杭は何方じやしらぬ。

(二〇三-六、脇狂言之類)

【虎明本】…さても〳〵おびたゝしひ事かな、一のくひはどこもぞしらぬよ

(二一〇-一二、脇狂言之類)

(27) (太郎冠者) イヤ、殊の外表がくわ〳〵らめくが、何事じやしらぬ

(二三七-六、聟女之類)

【虎明本】(太郎冠者) やらきどくや、おもてにくわ〳〵らめくが、何ものぞしらぬよ、いや、是はいづかたからござつたぞ　(三三四-一二、聟類・山伏類)

(28)（藤六）下六が殊之外遅う御ざる。むかひに参うと存る。何をして此様に手間を取る事じやしらぬ。（一一二-一三、脇狂言之類）

(29)是のはどれに居らるゝ事じやしらぬ。（三四三-九、聟女之類）

(30)夫に付、鎌倉へいて撞鐘の音を聞て来いと仰付られたが、目出度い御差初に、撞鐘の音が何の御用に立事じや知らね。（四九-一、小名之類）

「虎寛本」で「…ぢやしらぬ」の形で使われているのが「虎明本」では「…ぞしらぬ」の形で使われている。しかし、「虎明本」には本来この形の用例が少ないので、このように対応する例はほとんど見られない。「虎明本」の「…ぞしらぬ」が「虎寛本」では「…ぢやしらぬ」の形を取っている理由は、この時代にはすでに「ぞ」が使われなくなったためである。これについて外山映次は「質問表現における文末助詞ゾについて―近世初期京阪語を資料として―」[78]で次のように指摘している。

十六世紀末から十七世紀へかけて、一般に第二類のゾがヂヤの進出のため消滅して行く傾向があって、質問表現の内部へも、やや遅れてこの移行が滲透影響して、強固な疑問詞ゾとの呼応関係をまず「二類ゾ↓ヂヤ」という点で崩し始めたものと思われる。

以上の「疑問詞+ぢやしらぬ」は一八例が見られる。また、(28)(29)は「虎明本」には対応する例はないが、「疑問詞…ぢやしらぬ」の形で三九例が見られる。(30)のように「知る」の否定形に導かれて漢字表記された例は、「疑問詞…ぢやしらぬ」は七例、「疑問詞…じやしらぬ」は一〇例が見られる。その中、疑問詞と共起する「かしらぬ」は二一例見られる。

(31)(主)イヤ、太郎くはじやが声で何やらわつぱと申。何としたかしらぬ。ヤイ〳〵、何としたぞ。(四二二-七、鬼山伏之類)

(32)(シテ)誰がほむる者じや。はてがてんの行かぬ。どれへおといたかしらぬ。(一八〇-一〇、小名之類)

(33)是は定て誰殿の稚いで御ざらうか、何として此様な人遠い所へ寝させて置たかしらぬ。(一八〇-八、集狂言之類)

(34)何として此所に寝て居た事か知らぬ。(四三二-一一、鬼山伏之類)

（31）は「疑問詞＋かしらぬ」の形で五例が見られるが、全てが「何とした」と後に「かしらぬ」が使われている例である。（32）（33）は「疑問詞…かしらぬ」の形で一六例が見られる。（32）の「どれ…かしらぬ」が四例で、（33）の「なんとして…かしらぬ」が五例見られて半分以上を占めている。また、（34）のように「知る」の否定形に導かれて漢字表記されている例は「疑問詞＋かしらぬ」に一例、「疑問詞…かしらぬ」に四例が見られる。

「…かしらぬ」は二八例が見られる。

（35）又世には勝人も有る物で御ざるが、こちの頼ふだ人の様に出る度毎に、けふもまけた〳〵といはるゝが、あの様に負てもおもしろいか知らぬ。（八二-二、小名之類）

（36）誠に、昨日は参り掛りにふと取て御座るに依て、何共存ぜなんだが、けふは何とやらおそろしい心が出たが、苦敷う有るまいかしらぬ。（三四六-一二、右之外書上珍敷狂言五番）

「…かしらぬ」の例は、(36)のように「しらぬ」に漢字表示がなされていないものが二四例見られるが、(35)のように「知る」の否定形に導かれて漢字表記されている例も四例が見られる。

また、文末に「…か存じませぬ(存ぜぬ)」の形の例も二例見られる。

(37)(太郎冠者)されば何と中野で御座るか存じませぬ。(二二四-一三、大名之類)

(38)お客の仰れうは、ヤイ太郎くはじや、其栗の風味は何と有るぞと被仰た時分に、去ば何と御ざりまするか存じませぬとは被申まい。(三二一-五、小名之類)

(39)此間牛を求ておりやるが、能い牛か悪敷い牛か知らぬに依て、和御料に見て貰はうと思ふて牽て行所でおりやる。(二九〇-一、集狂言之類)

(37)(38)も謙譲語の「存ずる」が使われている例である。しかし、これは動詞性のつよいもので、「存ずる」の原義が生きていると思われる例である。(39)は文中の例で「…かしらぬ(存じませぬ)」の形が二例見られる。これも「知る」の原義が生きている例である。

以上、「虎寛本」の「からぬ(ん)」について探ってみた。「虎寛本」は「虎明本」には見られない疑問詞と共起する「しらぬ」の例も見られて「かしらぬ（ん）」の形態も多様になり、文末の用例もかなり多くなるので、この時代にはすでに終助詞として定着して使われるようになったものと見られる。

2　結論

以上、「かしらぬ（ん）」の形態面を中心に室町時代末期から江戸時代初期までの用例を探ってみた。その結果、室町時代末期には「かしらぬ（ん）」の用例が見られず、江戸時代初期になってはじめて終助詞としての「かしらぬ（ん）」の用例が見られることが明らかになった。しかし、江戸時代初期も「かしらぬ（ん）」がまだ助詞化されていない用例が文中に見られたり、文末に謙譲語の「か存ぜぬ」の用例が見られたりするので、「かしらぬ（ん）」が完全に助詞化されて定着したと言えないであろう。「虎明本」から一五〇〇年程後に成立した「虎寛本」の時代には、「かしらぬ（ん）」の形も多様になり、文末の用例も多くなるのでこの時代にはすでに終助詞として使われるようになったことが明らかになった。

注

（61）小池清治［ほか］編集『日本語表現・文型辞典』朝倉書店、二〇〇二年一〇月　によると挿入句について次のように定義している。

定義：基幹となる文の流れをいったん中断して、補足的・断り書き的な語句をはさみこむ表現。はさみこまれる語句を挿入句という。基幹となる文の途中に現れるのが普通であるが、まれに文頭や文末におかれることがある。「はさみこみ」は佐伯梅友による命名。

（62）北原保雄・鈴木丹士郎・武田孝・増淵恒吉・山口佳紀『日本文法事典』有精堂、一九八一年一二月二〇日

（二）主として朧化の原理に基づく修辞法としては、次の三種類が挙げられる。①稀薄法―人の感情に鋭くあたる事物をぼかしていう方法。②美化法―美しい事物によそえていう方法。③曲言法―遠回しにいう方法。

（63）疑問詞「何」の後に使われている「やらん」「やらう」「やら」については一般的に一つのまとまりとして扱っている。これについてはこのような例が多く見られる『大蔵虎明本狂言』のところで触れることにする。

（64）秋山和子　一九九七年一〇月「室町時代の助詞ヤについて」四国大学『うずしお文藻』一三

「にや」の用法に関して次のように指摘している。

一方、結びが省略された「ニヤ」に関しては、用例数も多く、推量に傾くとは言え、疑問詞と共存して疑問に働いたり、単独でも、疑問を表すこともある。

ここでは「にや」は研究の対象ではないため、詳細には取り上げないことにする。

(65) 濱千代いづみ　一九九七年　「平家物語における複合語「やらん」の用法」『富田工業高等専門学校研究紀要』　第三〇号

「やらん」の挿入句に関して次のように指摘している。

「やらん」は地の文では挿入句に用いられる場合が多いが、会話文・心中文では述部に用いられる場合が多い。

(66) 「虎明本」には、「何事」とか「何者」とか他の疑問詞の後にくる例もある。しかし、一般に「やら」「やらん」が疑問詞の後にきて一体化したものを連語として扱っているので、ここでは他の疑問詞ともに使われているものとは区別して検討する。ただし、連語の定義には様々な議論があるので、ここでは他の疑問詞と区別するだけで連語には扱わないことにする。

(67) 尚学図書編集『国語大辞典』小学館、一九八一年一二月一〇日

れんご【連語】①＝ふくごうご（複合語）②二つ以上の単語が連結して、一つの単語と等しいはたらきをもつ一まとまりをなしているもの。体言・用言などの自立語に、一つまたは二つ以上の助動詞がついて一つの用言のようなはたらきをもつものを活用連語という。また、「をして・について・をもって・によって」などを、助詞相当連語という。

(68) 以上の記述は次の先行研究をまとめた。

松村明『日本文法大辞典』明治書院、一九七一年一月

此島正午『国語助詞の研究―助詞史素描―』桜楓社、一九六六年三月

湯沢幸吉郎『徳川時代言語の研究』風間書房、一九五五年一〇月

湯沢幸吉郎『江戸言葉の研究』明治書院、一九八一年

日本国語大辞典第二版編集委員会『日本国語大辞典』小学館、二〇〇〇年一二月-二〇〇二年一二月

(69) ここでは「かしら」は扱わないことにする。「かしら」は「かしらん」から「ん」が脱落した形で江戸時代以降に使われるものである。それ故、ここでは扱わないことにする。「かしら」が使われる時代について松村明は『日本文法大辞典』の「かしらん」の項目に次のように記述している。

[終助詞]「か知らぬ」からできた。江戸時代には、「かしらん」の形で用いられたが、その後「かしら」が多くなって、明治・大正と漸減し、今日では、ほとんど用いられない。接続・意味は「かしら」と同じである。

(70) 日本国語大辞典第二版編集委員会『日本国語大辞典』小学館、二〇〇〇年一二月-二〇〇二年一二月

(71)『天正狂言本』と『きのふはけふの物語』には「かしらぬ(ん)」の例は一例も見られない。

(72) 阪倉篤義「文法史について」『文章と表現』角川書店、一九七五年、二四二頁 これには自分自身の問いかける疑いについて次のように指摘している。

疑は、ただ自らの内心の疑惑を表明し、ないしは、判断を保留して不定のままに一往それとして面がつよい。

堀崎葉子 一九九六年「江戸語の疑問表現体系について—終助詞カシラの原型を含む疑い表現を中心に—」『言山語文』二五

「疑」の表現に関して次のように指摘している。

①話し手の側に情報の欠落や、何らかの未定部分がある場合、それを問いという形で他に解答を要求して解決を図る意図が見られず、ただ提示するに留まるが話し手自身に問うもの。(疑いを述べる・判断未決・自問)

②話し手が、ある事柄に対する判断を保留し、不定・不確実なものとして述べたもの。(不確実な判断)

③話し手が、ある事柄に対するいぶかしさ・不審感を述べたもの。（不審・推量）
④話し手の内心に疑念が存在することだけを示すもの。（疑問徴候）
ここでは、「かしらぬ（ん）」の形態的な面を重視し、「疑い」か「問い」かを重視するため、「疑い」に関しては細かく分類しないことにする。

また、山口堯二『日本語疑問表現通史』明治書院、一九九〇年 には内心の疑いを「対自性」といいながら、疑問表現で推量語を伴わない疑問表現の説明のところに「かしらん」の「対自性」と推量語を伴わない理由を次のように指摘している。

「しらず」を語源またはその一部とする中近世語の「しらず・しらぬ〉しらん」や、近現代語の「かしらぬ〉かしらん〉かしら」による表現も、たとえば次のように対自性が強く、しかも推量語を伴わないことが多い。
（1）ハ、ア、向がちと明う成たが、あれは何じやしらぬ。ヤ、段々明う見ゆる。（虎寛本狂言・空腕）
（2）モウ夜が明るか知らん。（人・春色英対暖語・二・十）
中略
これらの疑問助詞ないしそれ相当の連語は、本来「しらず」がその上の不確定成分と相関して確定不能の意を表すものであった。先述のように、疑問表現と対比すれば、不確定成分は疑念の概念的ありようを中心にまとめられる傾きをもつから、これらが推量語を伴いにくい語源上の理由は、そういう不確定成分のありように求めることができる。しかし、助詞化が進んでもなお推量語の共起しにくさが保たれている理由を、語源のありようだけに求められるが、それは問題である。これらの形式における助詞化の進行は、おそらくその本来意味した確定不能の意がかえって強い自問の暗示性を担えもした結果であろう。引き続き推量語の共起しにくさが保たれているのは、むしろその強い自問の表示性が解答案における推量語の動きに代わりうるためであろうと考えられる。

(73) 文中に不定の「やら」の後に「しらぬ」が使われている例も一例ある。しかし、「やら」の並立助詞の用法で「かしら」の原型の例ではない。

(＊) (法華僧) 近比かたじけなひ、さりながら、一日や二日ならはまつても下されひと申さうが、五日手間がいらふやら、あふひは十日手間がいらふやらしらぬ程に、そなたはさきへおのぼりやれ　(四〇四-一一、出家座頭類)

(74) 近松門左衛門［著］重友毅校注『日本古典文学大系　近松浄瑠璃集　上』岩波書店、一九五八年一一月、三六九頁

頭注に「まで」に関して次のように指摘している。

動詞・助動詞の終止形につづく強意の助詞。

(75) 堀崎葉子　一九九六年「江戸語の疑問表現体系について—終助詞カシラの原型を含む疑い表現を中心に—」『言山語文』二五

(76) 松村明『日本文法大辞典』明治書院、一九七一年

(77) 佐々木峻「大蔵流狂言詞章の文末表現法—「…か知らぬ。」「…ぢゃ知らぬ。」等の言い方について—」『近代語の成立と展開』山内洋一郎・永尾章曹編　和泉書院、一九九三年

(78) 外山映次　一九五七年「質問表現に文末助詞ゾについて—近世初期京阪語を資料として—」武蔵野書『国語学』三一号

第三章　終助詞の周辺語

本章では、終助詞「は」と、終助詞のごとくに文末用法が見られる「げな」について検討していきたい。

「は」は係助詞の終助詞的用法から転成したものである。奈良時代以前は、係助詞「は」の終助詞的用法の例は見られない。しかし、係助詞「は」に助詞「も」のついた「はも」の形をとって文末に用いられることが多かった。奈良時代に入っても奈良時代初期まで「は」が単独で文末に使われている例は見られない。単独で文末に使われる「は」は、奈良時代末期に、「妹が紐とくと結びて立田山見渡す野山の黄葉《もみち》けらくは（婆）」（歌経標式）の例が見られるだけで、他はすべて文中に使われている。なお、ほとんどが「はや」「はも」の形をとって使われる。これらは文中、文末のいずれに使われてもすべてが詠嘆の意に用いられたものである。「は」が係助詞から転成して終助詞として多用されるようになったのは平安時代である。これについて山田孝雄は『平安朝文法史』(79)に次のように指摘している。

この期には「は」のみにて終止すること頻広く行はる。こは前期にはなきものなりとす。而、こは最多く用言に接す。さるときは連体形に接す。

さるさがなきえびす心をみてはいかゞはせむは。（伊勢、語）

さてその文は殿上人みなしてはとのたまへは、（枕、七）

用法上は奈良時代と同じく詠嘆の意を表したこの「は」は、室町時代を経て江戸時代へ引き継がれる。江戸時代は「わ」の形でも用いられるが、依然として詠嘆の意に使われている。

以上のように終助詞の「は」は、平安時代にすでに係助詞の文末用法より終助詞へ転成して詠嘆の意を表すものとして使われたものであるので、本章では概観するにとどめて特に取り立てて論じないことにする。

次は室町時代に文末用法として使われる「げな」を探ってみたい。

第一節　「げな」「さうな」

「げな」には、「推量・様態」と「伝聞」の意を表す二つの用法がある。最初「げな」は「推量・様態」として使い始められるが、室町時代に入ると、連体形の「げな」に、「伝聞」の用法が発生し、室町時代末期にはこれが主に用いられるようになる。「伝聞」の「げな」は終止連体形に接続するものである。それが江戸時代になると、「げな」の終止用法の例が多くなる。なお、他の活用形では「げにござる（候）」などの形で連用形として用いられる。また、「げな」は、江戸時代以降から「さうな」に圧倒され衰退する。本節では「げな」が江戸時代に終止用法が見られるようになるところに注目したい。助動詞であった「げな」が終止用法に使われるようになって、終助詞化[80]されるのではないかという仮説に立って「げな」の文末的用法を探ってみたい。

1　用例の調査と検討

本節では、「キリシタン資料」「朝鮮資料」および「日本資料」について「げな」「さうな」の用法を検討する。

(1) キリシタン資料[81]

『天草版平家物語』

「平家」では、「げな」は三例が見られる。

（1） さては惜しむげなぞ　（一一六-七、巻二）

（2） さだめてお共に下りまらせうと恋しう心に待ってござるに、あはれこのものはなお意趣がござるげなと仰せられた。　（三二一-一八、巻四）

巻四に二例、巻二に一例が見られる。これらは推定[82]の意として使われている例である。伝聞の例は見られない。

「さうな」は一八例が見られる。連用形の「さうに」は一五例、連体形の「さうな」は三例が見られる。

（3） 清盛を始めてひとびと皆不審さうに見られた。　（三〇-八、巻一）

（4） 宗盛の方を見やって、よにも恨めしさうに思はれたことは、まことに理でござ

る。（一八九-三、巻三）

（5）よにも心よさうにござった。（三五六-六、巻四）

（6）射さうな者はないか？（三三五-二一、巻四）

「平家」の「さうな」の例は、すべて推定の意として使われている例である。（3）は「さうな」が名詞に接続した例である。これについて『あゆひ抄』[83]では次のように指摘している。

おほよそ［何］に「サウナ」といふ里言を当つるは、《将倫《むとも》》［らし］の釈と同じけれど、ことわりたがへり。里言ながらも［らし］に当たる時は名を受けて「風サウナ、雨サウナ」と言ひ、または靡（なびき）を受けて「風が吹クサウナ、雨ガ降ルサウナ」と言ふ。［可］に当たる時は往（きしかた）を受けて「風ガ吹キサウナ、雨ガ降リサウナ」と言ふなり。思ひ惑ふべからず。

また、（5）は形容詞の語幹に「さうに」が接続した例である。「平家」には「さうな」の伝聞の例は見られない。

(2) 朝鮮資料

『捷解新語』

『捷解新語』の「原刊本」では、「げな」が一例しか見られない。

（7） ふるまいのしやうも御ざるげなほどに （八10オ）

（7）は「げな」が連体形として使われている例で推定の意を表す。「さうな」は一七例が見られる。

（8） けうわわたりさうなくもいきでもあり （一8ウ）
（9） かほどなんぎそうにおしられまするか （五21ウ）
（10） やうすがそうもありそうならば ろしのことおばこなたゑまかせまるするほどに （六23オ）

「原刊本」の「さうな」は一七例がすべて推定の意を表す例である。（9）は名詞に接続した例で、この一例しか見られない。(10)は「さうな」の未然形が使われている例である。

また、「改修本」では、「げな」が一例しか見られない。

(11)　御きやうおおが御ざるげなほどに　(八14ウ)

(11)は「げな」の連体形で、推定の意として使われている例である。

「さうな」は一二例が見られる。

(12)　てんきのやうすがおおくわおいかぜてありそうに御ざると申すが　(五19オ)

(13)　かやうに御なんぎそうにおおせられまッするか　(五32オ)

(14)　あすわてんきもよさそうなとこもとのものも申まッするにより　(六19ウ)

「改修本」の「さうな」も伝聞の意に用いられている例はなくて、すべてが推定を表す例である。(13)は名詞の後に「そうに」が使われている例であるが、この一例しか見られない。(14)は「よい」に接続した例であるが、「原刊本」には見られないもので「さ」[84]を介して「そうな」が接続した例である。一方、「さ」を介していない「ような」の形の例も見られる。

また、「重刊本」では、「げな」の例は見られない。「さうな」の例も五例しか見られない。

(15) これからみまッするに御しゆたいなされまッするそうに御ざる　(三7オ)

(16) あすわてんきもよささうなとこものものも申まッするにより　(六18オ)

「改修本」の「さうな」もすべて推定の例である。また、(16)のように「よい」に「さうな」が接続した例は、「さ」を介した形しか見られない。

(3) 日本資料[85]

『醒睡笑』

『醒睡笑』では、「げな」は六例が見られる。

(17) 又煮レ餅臥二北窓一、保レ此己徹辛ト書タル儒者モ有ケニ候(一七〇-一五、巻五、上戸)

(18)「ともかくも」と筆を染伺居ければ「をれはそなたにほれたげな。恋いの心か、かしらがいたい」と
（一〇〇-六、巻三、文の品々）

(19)「唯物ほしさうな人であらふ」と。後のかわふたげな(二九二-一五、巻八、頓作)

(20)油つきあんどんけなる光哉
（一九七-一六、巻五、人はそだち）

(21)「人に難義をかくるはや」といへども、人はきかなんだげな
（三七-一六、巻一、無智の僧）

(17)は漢文の例である。これは推定の意として使われているもので、一例しか見られない。(18)は会話文の例で、(19)は地の文の例である。どちらも推定の意として使われている例である。一例しか見られないが、(20)は推定の意に用いられている和歌の例である。また、(21)は推定と伝聞、どちらとも決定できない例である。「さうな」は二七例が見られる。

(22)「あの人の事であらふすれもつたいなさうに」と
（一四二-七、巻四、そでない合点）

(23)「百姓の方が道理左右に見へて御座ある」
（二七一-一九、巻七、謡）

（24）町人のものいはひするあり。大晦日に薪をかい庭なる棚につませけるが、何とやらんくづれさう也。

（四六-一九、巻一、祝過るもいな物）

（25）見た所うまさう也や

（三一〇-九、巻八、かすり）

「さうな」は会話文に一六例が見られる。（24）（25）は会話文の例で推定の意として使われているものである。（22）は形容詞の一音節語幹の例であるが、『醒睡笑』では「さ」を介している例は見られず、語幹に接続している例が二例見られる。（23）は名詞に「さうな」が接続している例で、会話文に八例、地の文に三例が見られる。また、（24）は地の文で一〇例が見られる。和歌には一例しか見られないが、（25）が和歌の例である。『醒睡笑』の「さうな」はすべて推定の意として使われている。

『大蔵虎明本狂言』

「虎明本」では、「げな」の例は一〇例が見られる。

（26）（罪人）いそぐ程に、是が六道で御ざあるげな、みればみちがあまたある程に、しばらくやんで、極楽のかたへまいらばやと存る

（二七-六、鬼類・小名類）

(27)（太郎冠者）きけば夏かやをもつらせひでねさするげなが、そのやうなどうよくな事するのか、いそひでつらせひ　（六二-五、鬼類・小名類）

(28)（主）あふ事はくるしからぬが、あの人はそうじて人のうわさを、なんのかのとよそへもしていはるゝげなが、つつとそれに依てめはづかしひ人じや所で、あの人の前へつかはふものがなひよ　（一四二-九、鬼類・小名類）

(26)～(28)は会話文の例である。(26)は推定の意として使われている例で「虎明本」では三例が見られる。(27)は文の最初に【きけば】とあるので、「げな」が伝聞の意を表していることがわかる。大部分の伝聞の例は、(27)のように伝聞ということを明らかにするために【聞けば】とともに使われている例が多い。この伝聞の形式について山口堯二は「助動詞の伝聞表示に関する通史的考察(86)」で次のように指摘している。

近世に入ると、活用語連体形承接の「げな」は、管見に入る限り、すでに伝聞の意にこそ多用されるようになっている。近世前期の比較的明らかな例には、たとえば次のようなものがある。いずれも事柄が伝聞的内容であることを示す他の形式と共起しているが、近世にはこのような例も容易に拾えるようになっている。

(28)は推定と伝聞、どちらかに決定できない例で、ここでは保留にしておくことにする。

「虎明本」の「さうな」は四六例が見られる。万集類には一例も見られない。

(29)(孫二)こゝちがよささうな　(一一〇-一一、脇狂言之類)

(30)(菊一)誠にふかさうにござる　(四一九-一三、出家座頭類)

(31)(孫)此あたりさうな、参る程にこれじや、やれ〳〵いかひゐなしかな、此人の声になれば、さつとすむ事じや、…　(三七七-七、聟類・山伏類)

(32)《…わきのかたへのき、みればわかひものゝ、むまさうなものじやほどに、ひめがくひぞめにせうといふ》　(三四-九、鬼類・小名類)

(33)(太郎冠者)〽中々それを、雨のふるやうにおこひたを、すそへまいるはとびあがり、あたりさうなはきりおとしいたひて、…　(一二三-五、鬼類・小名類)

(29)〜(31)は会話文の例である。(29)は「よい」に「さうな」が接続した例で、推定の意を表している。「平家」と『捷解新語』では「よい」に「さうな」が接続の形

〈表 1〉『大蔵虎明本狂言』

さうな(推定)	名詞	形容詞の語幹 形容動詞の語幹	動詞・助動詞の連用形	計
会話文	1	29（よさ :10、よ :3）	12	42
和歌			1	1
ト書き		2	1	3
計	1	31	14	46

＊「よさ」は「よい」の語幹に「さ」を介して「さうな」を接続した例。
＊「よ」は「よい」の語幹に「さうな」が接続した例。

が二つ見られる。「さうな」が語幹に接続する「よさうな」と接尾語「さ」を介した「よささうな」の形がある。「虎明本」では一三例が見られるが、この中、一例だけが「よさうな」で一二例は「よささうな」である。(30)は「さうな」の連用形であるが、「…さうにござる(有る)」の形で四例が見られる。また、(32)は名詞に「さうな」が接続した例でこの一例しか見られない。「さうな」は会話文に集中的に見られて地の文には一例も見られない。ト書きでは三例が見られる。(32)がト書きの例で推定の意として使われている。和歌にも一例しか見られない。(33)が和歌の例である。「虎明本」でも「さうな」の伝聞の例は見られない。

以上、「虎明本」の「さうな」の例を〈表1〉に示す。

『近松浄瑠璃集』

「近松」では、「げな」は二九例が見られる。

（34）播州姫路但馬屋の勘十郎といへば。合点ぢやげなとぞ申しける。

（一三三一-八、堀川波鼓）

（35）梅川殿は宵の口島屋を貰うて往なれたげな。

（一七二一-七、冥途の飛脚）

（34）（35）は会話文の例で推定の意として使われているものである。推定の例は七例が見られるが、すべて会話文の例である。

（36）イヤ私が客様の話ぢやが。踏まれて死なんしたげなといふもあり。

（二八-七、曾根崎心中）

（37）聞けば與次兵衛めはのたれ死たげな。（三一九-一五、山崎與次兵衛壽の門松）

（38）お身の難儀もわしから起る相手もやがて死にそなげな。

（三一二-一、山崎與次兵衛壽の門松）

（36）～（38）は会話文の例で、「げな」が伝聞の意として使われているものである。伝聞の意に使われている「げな」は一九例が見られる。その中、七例が（36）（37）のように伝聞的内容であることを示す【私が客様の話ぢやが】【聞けば】などと共起している例である。(38)は推定の「さうな」に伝聞の「げな」が接続している例である。

(39) おさん茂兵衛を尋出すまで請人といひ内証は伯父姪ぢやげな。

(二三二一一一、大經師昔暦)

(40) 酒屋に仕替へて幸左衛門がするげな殺し手は文蔵憎いげな。

(四二四一二、女殺油地獄)

(39)(40)は推定と伝聞、どちらかに決定できない例が三例ある。これも保留にしておくことにする。

「近松」の「さうな」は、六二例が見られる。すべて推定の意として使われている。

(41) ヤアよね様たち寂しさうにござる

(二九一六、曾根崎心中)

(42) 瓜核顔の旦那殿東寺から出た人さうな。跡からござる

(一〇三一一四、丹波與作待夜の小室節)

(43) 詞も愛想がなさうな。何と助右衛門男に欲しいか肝いってやらうか。

（44）私が誰ぞよさそな人に拾はせましょ。（二二〇-一五、大經師昔暦）
（45）起きてとぼせと起され下女は眠そに目をすりすり（四一七-一一、女殺油地獄）
（三一-一一、曾根崎心中）

「さうな」は会話文に五六例が見られる。（41）～（44）までが会話文の例である。（45）は「さうな」の連用形の例であるが、「虎明本」と違って「…さうにござる（有る）」はこの一例しか見られない。（42）は名詞に「さうな」が接続しているもので、一四例が見られる。これは会話文に一一例、地の文に三例が見られる。（43）（44）は形容詞の一音節語幹の例である。「近松」では語幹に直接接続している例と「さ」を介している例と両方が見られる。また、（44）（46）は「そな」「そに」の短縮形になっていることが注目される。地の文では名詞に接続している「さうな」の三例を含んで六例が見られる。（46）が地の文の例である。

2 結論

以上、「近松」の「さうな」の例を〈表2〉に示す。

〈表 2〉『近松浄瑠璃集』

さうな(推定)					無活用助動詞	計
	名詞	形容詞の語幹 形容動詞の語幹	動詞・助動詞の連用形	動詞・助動詞の終止連体形	た	
会話文	11	18（なさ:2、な:1/よさ:1、よ:2)	13	8	6	56
地の文	3	1	2			6
計	14	19	15	8	6	62

＊「なさ」「よさ」の語幹に「さ」を介して「さうな」を接続した例。
＊「な」と「よ」は語幹に「さうな」が接続した例。

以上、室町時代末期から江戸時代初期を中心に「げな」「さうな」の用法を探ってみた。「げな」は終止形で文末によく使われているので、一見終助詞として使われているように見られる。しかし、連体形のほか、連用形として使われている例が見られるので、助動詞と見るべきである。用法上では室町時代までは推定の意を表すのに用いられているが、江戸時代初期になると、伝聞の用法も発生していることが明らかになった。また、「げな」の衰退の原因になる「さうな」も探ってみた。その結果、推定の意として「げな」より「さうな」の方が一般に使われていたことがわかった。さらに、江戸時代初期にはまだ伝聞の用法は発生していないことが明らかになった。

注

(79) 山田孝雄『平安朝文法史』宝文館、一九五二年一月一〇日

用例の「伊勢」は伊勢物語で、「枕」は枕草子の例である。

(80) 日本国語大辞典第二版編集会『日本国語大辞典』小学館、二〇〇〇年一二月-二〇〇二年一二月

『日本国語大辞典』に次のような指摘がある。

(2) 活用は、室町時代頃からの形容動詞の活用にほぼ一致すると認められる。「げな」を終止の用法に用いる例が圧倒的に多く、終助詞に近い性格を持っている。連用形「げに」は「げにござる(ござります)」などの形でのみ用いられる。

(81) 『天草版伊曾保物語』には「げな」「さうな」の例は見られない。

(82) 北原保雄・鈴木丹士郎・武田孝・増淵恒吉・山口佳紀『日本文法事典』有精堂、一九八一年一二月二〇日

断定できない、不確実なことや想像上の事柄を、推し量って述べる表現である。そのうちで、なんらかの原因・理由・根拠、あるいは状況・条件などに基づいて、その結果や帰結を推し量って判断する表現は、特に、「推定表現」と呼ばれることがある。

ここでは「推定」を使うことにするため、推量と様態を区別しないことにする。

(83) 中田祝夫・竹岡正夫共著『あゆひ抄新注』風間書院、一九六〇年四月

(84) 大野晋・佐竹昭広・前田金五郎編『岩波古語辞典 補訂版』岩波書店、二〇〇〇年一〇月

さう【接尾】《サマ(様)の転とも「相」の字音ともいう》①動詞・動詞型活用の助動詞の語幹などに添え、様子・有様を表す。形容詞の語幹が一字の場合は、「良さそう」「無さそう」

のごとく、間に名詞化する接尾語「さ」が入る。

(85)『きのふはけふの物語』と『天正狂言本』では「げな」「さうな」の例は見られない。

(86)山口堯二 一九九八年一〇月「助動詞の伝聞表示に関する通史的考察」『京都語文』二

III. 結論

以上の各章考察を通して次のような結果が得られた。

第一章では、「かし」「がな」及び疑問詞と共起する「ぞ」を室町時代末期から江戸時代初期に至る口語資料を中心に、どのような意味の変遷が見られるかを考察した。

その結果、「かし」については、室町時代以前には「活用語の命令形」に接続して希望の意を表すのに用いられたが、室町時代末期には「あれかし」「ござれかし」などの形で慣用的に使用される傾向が見られ、江戸時代に入ってからは希望の用法が少なくなり、慣用化された形の「くだされかし」「あるぞかし」の形で、強意的に使われるようになった。この慣用化が希望の「かし」の消滅を招いたものと考えることができる。

また、希望の「がな」は、室町時代以前には用例は少ないが、室町時代末期になると、「活用語の命令形＋がな」の用例も見られる一方で、「がな」から転じた副助詞的用法の例も見られるようになる。江戸時代に入ると、希望の「がな」は見られなくなり、圧倒的に副助詞的用法として使われる「がな」の用例が多くなる。

終助詞の「ぞ」が疑問詞と共起する例については、従来の研究では疑問文の標に過ぎないものとして扱われてきた。しかし、室町時代末期から江戸時代初期の文献を中心に探ってみた結果、疑問詞が直接文末を修飾する場合で、疑問詞を含んだ句の連体修飾や連用修飾をうける文末に「ぞ」が使われる場合には、疑問の意を表す場合もあることが明らかになった。

第二章では、他の品詞から転成した「やらん（う）」「やら」及び「かしらぬ（ん）」を中心に、これらの用法変遷に関する考察を試みた。

不定・疑問の「やらん（う）」は、室町時代末期から江戸時代初期までは「やらん」「やらう」「やら」の形との併用が行われている。しかし、その用法には相違が見られる。「やらん」には、依然として終助詞として使われる例は見られるが、文末ではなく、挿入句の中における終助詞として使われた例が多く見られる。また、「何とやらん」「何やらん」という一つのまとまりにおける終助詞として使われた例や、文中に使われた副助詞と解される例も見られる。「やら」は副助詞の用法の他、わずかであるが、文末に使われた例も見られるし、挿入句の中における終助詞としての例も見られる。一方、並立助詞として用いられた例もある。また、「やら」には「名詞＋とやら」の形で、体言句を構成する副助詞として使われている例もある。

これらのことから、室町時代末期から江戸時代初期までは、「やらん」「やらう」と「やら」が共存して使われていたことと、それと並行して「やら」の用法が広がっていたことが明らかになった。

さらにまた、自らに問いかける意の「かしらぬ（ん）」について、形態面を中心に室町時代末期から江戸時代初期までの用例を探ってみた。その結果、室町時代末期には「かしらぬ（ん）」の用例が見られず、江戸時代初期以降に終助詞としての用例が見られることが明らかになった。しかし、江戸時代初期も「かしらぬ（ん）」がまだ助詞化されずに文中に用いられた例が見られたり、文末に謙譲語の「か存ぜぬ」の用例が存在したりするので、「かしらぬ（ん）」が完全に助詞化されて定着したとまでは言えないであろう。「虎明本狂言」よりも一五〇〇年程後に成立した「虎寛本狂言」の時代には「かしらぬ（ん）」の形も多様になり、文末に使用された用例も多くなるので、この時代には終助詞として使われるようになったと見るべきことが明らかになった。

第三章では、終助詞の周辺に存在するものとしての「は」「げな」の考察を試みた。

本来係助詞であった「は」は、奈良時代になると文末に使われるようになる。この「は」が詠嘆の意に用いられたのも、係助詞から転成して終助詞として多用されるようになったのも、ともに平安時代以降のことである。このように終助詞の「は」は、平安時代にすでに係助詞の文末用法より終助詞へ転成して詠嘆の意を表すのに使われるようになったものであり、これが江戸時代まで引き継がれることになる。したがって、このような「は」は、改めて取り上げるまでもないので、本論稿では考察の対象から除外することにした。

また、室町時代から終助詞的用法が見られる「げな」について、他の活用形は使われず、もっぱら文末に用いられて終助詞化されるのではないかという仮説に立って考察を試みた。さらに「げな」が廃れる原因になる「さうな」に対しても考察を試みた。その結果、「げな」は終止形として文末によく使われているので、一見終助詞のように見えるものの、連体形や連用形の用法も一方に見られるので、これについては助動詞と見るべきであるという結論を得た。また、用法の面では室町時代までは推定の意を表すものとして使われているが、江戸時代初期になると、伝聞の用法も発生して使われるようになることが明らかになった。

また、「げな」の衰退の原因になる「さうな」についても探ってみた。その結果、推定の意を表すものとして「げな」より「さうな」の方が一般的であったことがわかった。さらに、江戸時代初期にはまだ伝聞の用法は発生していないことが明らかになった。

本論稿では、室町時代末期から江戸時代初期までの終助詞の用法・意味変遷、及び文末用法として使われる「げな」について論考を試みた。

今後は、終助詞から他の助詞に転成した助詞及び終助詞と近似する間投助詞についても考察の目を向けていきたい。

〈参考文献〉

【辞書類】
室町時代語辞典編集委員会編　『時代別国語大辞典　室町時代編』　三省堂　一九八五-二〇〇一年
土井忠生訳注　ロドリゲス『日本大文典』　三省堂　一九五五年
土井忠生［ほか］『邦訳日葡辞書』　岩波書店　一九八〇年
佐藤喜代治　『国語学研究辞典』　明治書院　一九八三年
中田祝夫　『古語大辞典』　小学館　一九八三年
松村明　『日本大文法事典』　明治書院　一九七六年
北原保雄ほか　『日本文法事典』　有精堂出版　一九八一年
尚学図書編集　『国語大辞典』　小学館　一九八一年一二月一〇日
日本国語大辞典第二版編集委員会　『日本国語大辞典』　小学館　二〇〇〇年
小池清治・小林賢次・細川英雄・山口佳也　『日本語表現・文型事典』　朝倉書店　二〇〇二年
前田勇編　『江戸語大辞典』　講談社　一九七四年
大野晋・佐竹昭広・前田金五郎編　『岩波古語辞典補訂版』　岩波書店　二〇〇〇年

【著作類】
大塚光信・来田隆編　『エソポのハブラス本文と総索引』　清文堂出版　一九九九年二月
大塚光信著　『キリシタン版エソポのハブラス私注』　臨川書店　一九八三年三月

江口正弘著『天草版平家物語対照本文及び総索引』明治書院　一九八六年一一月
京都大学文学部国語国文学研究室編『三本対照捷解新語　釈文・索引・解題編』一九四三年
林義雄編『捷解新語　四本和文対照』［康遇聖著］専修大学出版局　二〇〇六年
李太永『訳註　捷解新語』太学社　一九九七年
内山弘編著『天正狂言本：本文・総索引・研究』笠間書院　一九九八年二月
野々村戒三解説　古川久校註『狂言集　下』日本古典全集　朝日新聞社　一九五六年一月
金井清光著『天正狂言本全釈』笠間書房　一九八九年
武藤禎夫・岡雅彦編『噺本体系2』東京堂出版　一九七六年二月
安楽庵策伝著　鈴木棠三校注『醒睡笑　上・下』岩波書店　一九八六年九月一七日
安楽庵策伝著　岩淵匡［ほか］共編『醒睡笑：静嘉堂文庫蔵　索引編』笠間書院　一九九八年五月
安楽庵策伝著　岩淵匡編『醒睡笑：静嘉堂文庫蔵　本文編』笠間書院　一九八二年三月
小高敏郎『日本古典文学大系　江戸笑話集』岩波書店　一九六六年七月
北原保雄著『きのふはけふの物語研究及び総索引：大東急記念文庫蔵』笠間書院　一九七三年二月
池田広司・北原保雄著『大蔵虎明本狂言集の研究　上』表現社　一九七二年八月
池田広司・北原保雄著『大蔵虎明本狂言集の研究　中』表現社　一九七三年七月
池田広司・北原保雄著『大蔵虎明本狂言集の研究　下』表現社　一九八三年九月
北原保雄ほか『大蔵虎明本狂言集総索引1～8』武蔵野書院　一九八四年六月-一九八九年一〇月
笹野堅校訂『大蔵虎寛本能狂言　上』岩波書店　一九四二年七月
笹野堅校訂『大蔵虎寛本能狂言　中』岩波書店　一九四三年七月
笹野堅校訂『大蔵虎寛本能狂言　下』岩波書店　一九四五年一月
近松門左衛門［著］重友毅校注『日本古典文学大系　近松浄瑠璃集　上』岩波書店　一九五八年一一

月
近世文学総索引編纂委員会編『近松門左衛門　第一―第六』教育社　一九八六年一一月
湯澤幸吉郎著『室町時代の言語研究』大岡山書店　一九二九年
湯澤幸吉郎著『徳川時代言語の研究』風間書房　一九五五年
湯澤幸吉郎著『江戸言葉の研究』明治書院　一九五四年
井上章著『天草版伊曾保物語の研究』風間書房　一九六八年
大野晋『係り結びの研究』岩波書店　一九九三年
近代語学会編『近代語研究　第十集』武蔵野書院　一九六五年
田中章夫著『近代日本語の文法と表現』明治書院　二〇〇一年
柳田征司著『室町時代の国語』東京堂出版　一九八五年
山田潔著『玉塵抄の語法』清文堂出版　二〇〇一年
柳田征司編『中世語』有精堂出版　一九八〇年
鈴木丹士郎編『近世語』有精堂出版　一九八五年
此島正年著『国語助詞の研究　助詞史素描』桜楓社　一九七三年
岡崎正継著『国語助詞論攷』おうふう　一九九六年
橋本進吉著『国語法研究』岩波書店　一九四八年
浜田敦著『朝鮮資料による日本語研究』岩波書店　一九七〇年
浜田敦著『続朝鮮資料による日本語研究』臨川書店　一九八三年
福島邦道著『キリシタン資料と国語研究』笠間書院　一九七三年
江口正弘著『天草版平家物語の語彙と語法』笠間書院　一九九四年
半藤英明著『係助詞と係り結びの本質』新典社　二〇〇三年九月

松村明編　『古典語現代語　助詞助動詞詳説』　学燈社　一九七八年
鈴木一彦・林巨樹編　『研究資料日本文法　第5巻　助辞編（一）助詞』　明治書院　一九八四年三月－一九八五年四月
鈴木一彦・林巨樹編　『研究資料日本文法　第7巻　助辞編（三）助詞・助動詞辞典』　明治書院　一九八四年三月－一九八五年四月
『岩波講座　日本語7　文法Ⅱ』　岩波書店　一九七七年
鈴木一彦・林巨樹編　『品詞別　日本文法講座　連体詞・副詞』　明治書院　一九七二－一九七三年
鈴木一彦・林巨樹編　『品詞別　日本文法講座　助詞』　明治書院　一九七二－一九七三年
阪倉篤義著　『文章と表現』　角川書店　一九七五年
佐々木峻・藤原与一編　『日本語文末詞の歴史的研究』　三弥井書店　一九九八年
山口尭二著　『日本語疑問表現通史』　明治書院　一九九〇年
此島正年著　『助動詞・助詞概説』　桜楓社　一九八三年
大野晋・大久保正編集校訂　『本居宣長全集　第三巻』　筑摩書房　一九六九年
橋本進吉　『国文法體系論』　岩波書店　一九五九年
橋本進吉　『助詞・助動詞の研究』　岩波書店　一九六九年
中田祝夫・竹岡正夫共著　『あゆひ抄新注』　風間書房　一九六〇年
山田孝雄著　『日本文法論』　宝文館出版　一九七〇年
辻村敏樹教授古稀記念論文集刊行会　『日本語史の諸問題』　明治書院　一九九二年
鎌倉時代語研究会　『鎌倉時代語研究　第七輯』　武蔵野書院　一九八四年
山田孝雄　『平安朝文法史』　宝文館　一九六一年

【参考論文】

森脇茂秀　二〇〇〇年　「希望の助詞「もがな」「がな」をめぐって（一）」　別府大学『国語国学』四二
森脇茂秀　二〇〇一年　「希望の助詞「もがな」「がな」をめぐって（二）」　山口大学『山口国文』二四
森脇茂秀　一九九九年　「終助辞「かし」をめぐって―中世末期を中心に―」　山口大学『山口国文』二二
室谷有紀子　二〇〇一年三月　「「命令形＋終助詞カシ」の表現性について」　福井大学『国語国文学』四〇
森脇茂秀　一九九四年　「希望表現の一形式―助辞「もが」・「てしか」形を中心に」　山口大学『山口国文』一七
森野崇　一九九二年　「平安時代における終助詞「ぞ」の機能」　『国語学』　一六八号
春日和男　一九五五年　「「也」字の訓について」　『国語国文』　第二四巻第二号
外山映次　一九五七年　「質問表現に文末助詞ゾについて―近世初期京阪語を資料として―」　武蔵野書院刊行　『国語学』　三一号
森野崇　一九九三年　「奈良時代の終助詞「ぞ」について」　『国語国文』　第六二巻第五号
千康　一九九八年　「不定語と共起する終助詞「ぞ」の機能―平安時代の仮名文献を手掛かりとして―」　『国語国文』　第六七巻第六号
秋山和子　一九九七年一〇月　「室町時代の助詞ヤについて」　四国大学『うずしお文藻』一三
清水登　一九九四年一二月　「疑問表現について―院政期から室町期まで―」　『長野県短期大学紀要』第四九号

紙谷栄治　二〇〇〇年三月「中世における疑問表現について」関西大学『国文学』八〇
長瀬富子　一九六〇年「室町時代の疑問表現―助詞を中心として―」『国文学』言語と文芸　第五四号
濱千代いづみ　一九九七年「平家物語における複合語「やらん」の用法」『富田工業高等専門学校研究紀要』第三〇号
堀崎葉子　一九九七年「江戸語の不定表現に用いられるカ・ゾ・ヤラ」青山学院大学『青山語文』二七
山口堯二　一九九二年「疑問助詞「やらん」の成立」大阪大学『語文』五三・五四
堀崎葉子　一九九五年三月「江戸語の疑問表現体系について―終助詞カシラの原型を含む疑い表現を中心に―」青山学院大学『青山語文』二五
佐々木峻　一九九三年「大蔵流狂言詞章の文末表現法―「…か知らぬ。」「…ぢゃ知らぬ。」等の言い方について―」『近代語の成立と展開　継承と展開　2』和泉書院
村上昭子「終助詞「かしら」の語史」『国語学論集』大修館書店　一九八一年
中野伸彦「江戸語の疑問表現に関する一つの問題―終助詞「な」「ね」が下接する場合の自問系の疑問文の形式―」『近代語研究　第九集』近代語学会編　武蔵野書院　一九九三年
矢島正治「疑問詞疑問文末ゾの使用よりみた近松世話浄瑠璃」『日本近代語研究　3』近代語研究会　ひつじ書房　二〇〇二年
仙波光明「終止連体形接続の『げな』と『さうな』―伝聞用法の発生から定着まで―」『佐伯梅友博士喜寿記念　国語学論集』表現社　一九七六年一二月
山口堯二　一九九八年一〇月「助動詞の伝聞表示に関する通史的考察」『京都語文』二
松本守　一九九八年「江戸語のソウダとヨウダについて」『専修国文』第六三号

岡部嘉幸　二〇〇〇年九月　「江戸語における終止形承接のソウダについて」『国語と国文学』　東京大学国語国文学会
岡部嘉幸　二〇〇〇年一〇月　「江戸語におけるソウダとヨウダ—推定表現の場合を中心に—」『国語と国文学』　東京大学国語国文学会
佐田智明　一九七二年　「中世期の「サウナ」について」『北九州大学開学二十五年記念論文集』　北九州大学
河周姈　二〇〇六年三月　「終助詞「かし」「がな」の意味変遷—室町末期から江戸初期を中心に—」『文研論集47』　専修大学大学院
河周姈　二〇〇七年一〇月　「疑問詞と共起する終助詞「ぞ」について—室町末期から江戸初期を中心に—」『文研論集50』　専修大学大学院
河周姈　二〇〇八年三月　「「やらん（う）」「やら」の用法—室町時代末期から江戸時代初期を中心に—」『文研論集51』　専修大学大学院
河周姈　二〇〇八年一〇月　「「かしらぬ（ん）」の用法—室町時代末期から江戸時代初期を中心に—」『文研論集52』　専修大学大学院

河　周姈（ハ・ジュヨン）

2000年　韓国檀国大学校日語日文学科卒業
2003年　韓国檀国大学校修士課程修了
2008年　専修大学大学院文学研究科博士後期課程修了（文学博士）

現在、韓国檀国大学校日本研究所研究員。韓国の大学で非常勤講師として勤めている。

中近世日本語の終助詞

2010年2月22日　第1版第1刷

著　者　河　周姈

発行者　渡辺　政春

発行所　専修大学出版局
〒101-0051　東京都千代田区神田神保町3-8
㈱専大センチュリー内
電話　03-3263-4230㈹

組　版　木下正之

印　刷
製　本　ケーティエス情報株式会社

ISBN978-4-88125-241-3